U0855390

共有精神家园

共有精神家园

中华文化符号解读

故　宫　出　版　社
民族团结杂志社（《中国民族》融媒体）　主编
“　道　中　华　”

故宫出版社
广西民族出版社

图书在版编目（CIP）数据

共有精神家园：中华文化符号解读 / 故宫出版社，民族团结杂志社（《中国民族》融媒体），“道中华”主编. -- 北京：故宫出版社，2022.12
ISBN 978-7-5134-1493-7

Ⅰ. ①共… Ⅱ. ①故… ②民… ③道… Ⅲ. ①名胜古迹－介绍－中国 Ⅳ. ① K928.7

中国版本图书馆 CIP 数据核字 (2022) 第 141339 号

共有精神家园：中华文化符号解读

故宫出版社、民族团结杂志社（《中国民族》融媒体）、“道中华” 主编

出 版 人：章宏伟
责任编辑：熊　娟
特约编辑：吴柏强　韦秀美
装帧设计：李　猛　杜英敏
责任印制：常晓辉　顾从辉
出版发行：故宫出版社
地址：北京市东城区景山前街4号　邮编：100009
电话：010-85007800　010-85007817
邮箱：ggcb@culturefc.cn
广西民族出版社
制　　版：北京印艺启航文化发展有限公司
印　　刷：北京启航东方印刷有限公司
开　　本：787毫米 × 1092毫米　1/16
印　　张：19
字　　数：240千字
版　　次：2022年12月第1版
2022年12月第1次印刷
印　　数：1 ~ 10000册
书　　号：ISBN 978-7-5134-1493-7
定　　价：138.00 元

故宫出版

联合出品

编委会

策划·主编

李小林　章宏伟

编委

张庆安　虞　晖　刘　雅

江　凌　张昀竹　龙慧蕊

牛志男　许　鑫　金向德

王孺杰　王怡凡　张　伟

目录

前言

大河上下、长城内外，斗转星移、沧海桑田。

文化是一个民族的魂魄，文化认同是最深层的认同，是民族团结的根脉。源远流长、博大精深的中华优秀传统文化，是中华文明的智慧结晶，是各族人民在长期生产生活中积累的宇宙观、天下观、社会观、道德观的重要体现。

在各民族共同开拓辽阔疆域、共同书写悠久历史、共同创造灿烂文化、共同培育伟大精神的进程中，那些把我们紧紧凝聚在一起，代表我们共同经历的非凡奋斗、共同坚守的理想信念和共同建设的美丽家园的历史文化遗产，还有使我们得以安身立命、心灵所系的山川大地，无疑属于各民族共有共享的中华文化符号，昭示着中华民族共同体发展路向和中华民族多元一体演进格局。

铸牢中华民族共同体意识，坚持正确的中华民族历史观，促进各民族在理想、信念、情感、文化上的团结统一，形成人心凝聚、团结奋进的强大精神纽带，引导各族人民牢固树立休戚与共、荣辱与共、生死与共、命运与共的共同体理念，巩固全国各族人民团结奋斗的共同思想基础，不断推进中华民族共同体建设，推动中华民族成为认同度更高、凝聚力更强的命运共同体，是新时代赋予我们的神圣使命。

“坚守中华文化立场，提炼展示中华文明的精神标识和文化精髓，加快构建中国话语和中国叙事体系，讲好中国故事、传播好中国声音，展现可信、可爱、可敬的中国形象。”在全国各族人民深入学习宣传贯彻党的二十大精神之际，为助力全面推进中华民族共有精神家园建设，传承中华优秀传统文化，在全社会树立和突出各民族共有共享的中华文化符号，故宫出版社、民族团结杂志社（《中国民族》融媒体）、“道中华”将《中国民族》杂志 2021 年刊发的“中华文化符号解读”（第一季）17 篇文章结集出版，联合推出《共有精神家园：中华文化符号解读》一书，以飨读者。由于水平所限，不当之处在所难免，敬请指正。

编　者

2022 年 12 月

◎殷墟孝民屯铸铜作坊出土铜尊陶范
中国社会科学院考古研究所安阳队提供

殷墟

承续中华文明的根脉

何毓灵（中国社会科学院考古研究所研究员，安阳工作站副站长）

2020年12月，习近平总书记在《求是》杂志发表的题为《建设中国特色中国风格中国气派的考古学 更好认识源远流长博大精深的中华文明》重要文章中指出，经过几代考古人接续奋斗，我国考古工作取得了重大成就，考古发现展示了中华文明起源和发展的历史脉络，展示了中华文明的灿烂成就，展示了中华文明对世界文明的重大贡献。他强调："考古成果还说明了中华民族和中华文明多元一体、家国一体的形成发展过程，揭示了中国社会赖以生存发展的价值观和中华民族日用而不觉的文化基因。这些重大成就为我们更好研究中华文明史、塑造全民族历史认知提供了一手材料，具有十分重要的政治、文化、社会、历史意义。"习近平总书记的这一论断，使我们更加深刻地认识到考古工作是展示和构建中华民族历史、中华文明地位的重要工作，是一项重要文化事业，也是一项具有重大社会政治意义的工作。我们必须进一步高度重视考古工作，为弘扬中华优秀传统文化、增强文化自信提供坚实支撑。

清末民初，中华民族遭受了巨大的磨难。列强侵略，山河破碎，屹

◎ 20 世纪 30 年代殷墟王陵大墓 M1217 发掘现场
台湾『中央研究院历史语言研究所』提供

立世界东方数千年的中华民族再次走到历史关头，救国救民成为当务之急。推翻帝制、建立民国、五四运动、中国共产党成立……中华儿女虽饱受欺凌，但从未停止救亡图存、上下求索的步伐。

与此同时，中华民族也遇到了严重的文化危机。以顾颉刚为首的“古史辨派”掀起的疑古思潮，认为曾经被奉为圭臬的古史经典很多是后世为粉饰正统而“层累地造成的古史”。这个时期，众多国外学术团体或个人也来到中国，“调查我们的语言、测量我们的身体、发掘我们的地下古物、研究我们的一切风俗习惯——这些‘学问原料’，真是一天一天的被欧洲人搬了去乃至偷了去”。1921 年瑞典的安特生在河南渑池县仰韶村发现新石器时代的彩陶，不久便抛出所谓的彩陶文化西来说。

1928 年 10 月，五四运动组织者之一、深受兰克学派影响的傅斯年，成功说服中央研究院院长蔡元培设立历史语言研究所，提出“上穷碧落下黄泉，动手动脚找东西”。此时殷墟因甲骨文的发现与研究已被确认为商代晚期都城，确切年代也使得其成为衔接史前与历史时期的关键节点，发掘殷墟乃重振中国史学的不二选择！可以说，没有殷墟，就没有现当代中国考古学，殷墟堪称中国考古学的摇篮。

迄今，殷墟仍是我国持续发掘时间最久、发掘面积最大的古文明遗址。经过数代考古人的坚守与努力，极大地推动了殷墟文化研究，也逐步阐释了中华文明的精髓。

那么，殷墟对我们意味着什么呢?

（一）

2016 年 10 月，中国文字博物馆发表公告，对破译未释读的甲骨文并经专家委员会鉴定通过的研究成果，予以单字奖励 10 万元；对存争议甲骨文做出新的释读并经专家委员会鉴定通过的研究成果，单字奖励 5 万元。

一石激起千层浪。人们相信，重赏之下必有“勇夫”！

然而直到 2018 年 6 月 21 日，中国文字博物馆才发布首批甲骨文释读优秀成果获奖名单，仅蒋玉斌博士凭《释甲骨金文的“蠢”——兼论相关问题》一文获一等奖。历时两年，只破解一个字，普通人想不明白，懂行人却称难如登天！现当代很多古文字学家一生从事古文字研究，却未必能破译一个甲骨文。当初，甲骨文刚发现时，每位学者都能识上几个、十几个字。好认的都被认完了，剩下的都是难啃的“硬骨头”。现存甲骨文单字约有 4500 字，目前学术界公认已释读的约 1500 字。为何有三分之二的字难以释读？原因主要有两个：一则多是名词，3000 多年后已基本失去了造字本意，成为“死文字”；二则要么出现频率极低，

◎刻辞卜甲（甲骨文合集 05611） 台湾『中央研究院历史语言研究所』提供

要么因甲骨本身残缺不全，导致难以根据语境、句意进行推导。

早在 1899 年秋，时任国子监祭酒的王懿荣机缘巧合，敏锐地发现中药“龙骨”之上刻有文字。被历史尘埃湮没 3000 年后，一片甲骨惊天下。甲骨文与居延汉简、敦煌文书、故宫内阁大库档案，被视为中国近代学术史四大发现。120 年间，历经以“甲骨四堂”罗振玉、王国维、董作宾、郭沫若等为代表的学者们的不懈努力，甲骨学研究取得巨大成果。

甲骨文的发现，确认了商王朝在历史上真实存在，把我国信史自公元前 841 年往前推进了几百年。当时，国王或贵族利用龟甲和兽骨进行占卜，并把相关内容记录下来，于是便产生了刻写在龟甲和兽骨之上的甲骨文。截至目前，殷墟甲骨共约有 16 万片，由于种种原因，大多分散于海内外多所博物馆、研究机构、大学甚至私人藏家手中。学界研究认为，甲骨文之先，文字还经历了漫长的演化过程。虽然只是占卜记录，但甲骨文内容十分广泛，祭祀、战争、田猎、收成、疾病、天气……无事不卜，无事不问。作为当时历史的真实记录，这也正是学者傅斯年等提倡与追求的第一手史料。

2019 年，习近平总书记在致甲骨文发现和研究 120 周年贺信中指出，“殷墟甲骨文的重大发现在中华文明乃至人类文明发展史上具有划时代的意义。甲骨文是迄今为止中国发现的年代最早的成熟文字系统，是汉字的源头和中华优秀传统文化的根脉，值得倍加珍视、更好传承发展”。他还强调，要“深入研究甲骨文的历史思想和文化价值，促进文明交流互鉴，为推动中华文明发展和人类社会进步作出新的更大的贡献”。

习近平总书记高屋建瓴，精辟地指明了甲骨文字的真谛：甲骨文的意义不仅仅是研究商代的第一手资料，以甲骨文为代表的汉字更是中华文明传承的基因与纽带。3000 多年，风云际会、王朝变换，但汉字始终是中华文明的载体，是构建与维系中华文明的关键。可以说，每一个甲骨文字都堪称中华文明参天大树的根脉。

与世界上大多数表音文字不同，由甲骨文字演化而来的汉字是表意文字，字形与字意紧密联系为其最大特征——由形达意，一目了然。这也就形成了汉字的另一个重要特征：超越方言性与语言性。我国幅员广阔，人口众多，方言庞杂，许多民族都有自己的语言文字。毫不夸张地说，如果没有汉字，中国可能早就四分五裂了。见形知义的汉字能够摆脱方言困扰、语言羁绊，把其承载的含义准确无误地传达给每一个中华儿女。数千年来，中华民族多元一体格局的形成发展，很大程度上正是得益于各民族能够以通用的汉语言文字进行不断深化的交往交流交融。

正是基于此，中华人民共和国成立以来，党和国家高度重视语言文字工作，在全国范围内推行普通话和规范汉字，普通话和规范汉字被确定为国家通用语言文字。学习使用、推广普及国家通用语言文字，不仅有利于提高各民族教育文化水平，更有利于维系中华文明永续发展。国家通用语言文字是巩固各民族共同团结奋斗、共同繁荣发展的文化基础，也是巩固维护我国国家安全和统一的文化基础，更是巩固推进国家治理体系和治理能力现代化的文化基础。它必将为铸牢中华民族共同体意识，为实现“两个一百年”奋斗目标、实现中华民族伟大复兴的中国梦做出更大贡献。

（二）

2000 年隆冬，中国社会科学院考古研究所安阳工作队在殷墟宫殿宗庙区南部发掘了一座保存完好的高等级贵族墓，出土铜、玉、金、骨、陶等各类材质的随葬品 500 余件。在多达 200 余件青铜器中，青铜牛尊是殷墟的孤品。与殷墟时期已被驯化、饲养并被大量用于祭祀的黄牛不同，该铜尊为写实的水牛形状，体形壮硕，抬头张口，腹部浑圆，四肢粗短，牛身满饰龙、鸟等动物形纹饰。其中最为突出的，是牛腹两侧各饰有一头猛虎。

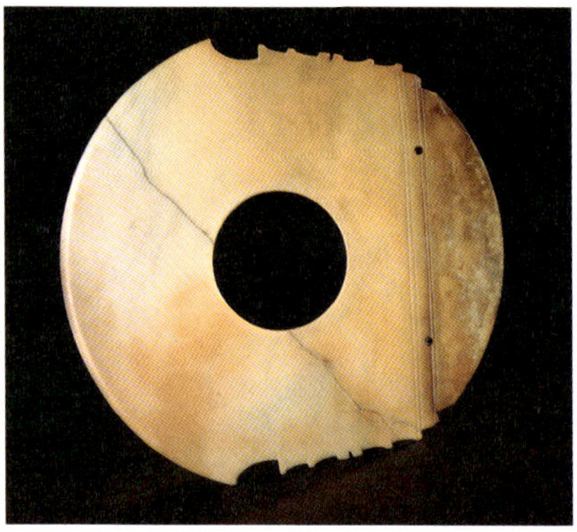

◎殷墟花园庄东地亚长墓玉戚
中国社会科学院考古研究所安阳队提供

◎殷墟花园庄东地亚长墓龙形玉玦
中国社会科学院考古研究所安阳队提供

考古学家根据材质的不同，把社会发展进程分为石器、青铜器、铁器时代。我国青铜器时代始于公元前 21 世纪前后，大体相当于文献记载的夏朝，并一直持续到战国时期。研究表明，中国青铜冶炼、铸造技术也曾受到西方青铜技术的影响，河西走廊是重要的传播通道。但自以二里头文化为代表的夏王朝开始，青铜技术在东方便脱胎换骨、涅槃重生。其中最突出的变化就是采用泥范技术铸造青铜容器，而这些容器不仅是生活用器，更是体现王朝统治者意志的礼器。

自新石器时代中晚期开始，中华传统文化的灵魂——礼制开始逐步形成。荀子称“人之命在天，国之命在礼”，而以器明礼、器以藏礼，以器拟人、器以载道是礼制的突出特征。孔子常言“君子不器”，是说君子要气度非凡，有容乃大，而不能小气狭隘。夏、商、周三代，青铜器特别是青铜容器基本都是礼制性消费或政治性消费的产物，属于统治者“明贵贱、辨等列”的显著标志。青铜铸造技术在满足统治者需求中不断提升，并在商代晚期都城殷墟达到顶峰，青铜牛尊便是殷墟时期青铜礼器的典型代表。青铜礼器的种类与数量，与使用者的等级、地位相关联。等级、地位越高，所用青铜礼器的种类越多，数量也急剧增加。王后等级的殷墟妇好墓中，就随葬青铜礼器 210 件。而青铜牛尊的主人亚长是高等级贵族，其墓中随葬的青铜礼器锐减至 40 件，至于中下等

◎妇好墓出土铜鸮尊

中国社会科学院考古研究所安阳队提供

◎殷墟花园庄东地亚长墓出土平底铜爵
中国社会科学院考古研究所安阳队提供

◎殷墟花园庄东地亚长墓铜方斝
中国社会科学院考古研究所安阳队提供

贵族一般只享有两件青铜觚与爵。

青铜礼器只是众多礼器中的一类，借助大量不同材质的礼器，夏、商、周时期的礼制不断完备，编织成无处不在、无时不有的网络，规范人们的等级序列、言行举止，以中原地区为核心的中华文明也基本形成。汉字书写的各类古代文献中，礼制文明为主体内容，代代相传、生生不息，变换的是王朝，不变的是文明。

北京大学考古文博学院教授赵辉认为，“逐鹿中原”生动形象地概括了我国历朝历代王侯将相博弈的目标。那么，中原地区到底有什么“宝藏”吸引无数英雄竞折腰呢？在学者赵汀阳看来，不是财富，也不是资源，而是“在于中原拥有一个具有最大政治附加值的精神世界”。这个精神世界之所以具有吸引力和号召力，决定性因素就是汉字、思想系统、天下体系的雪球效应。由此形成以中原为中心的文明“旋涡”，对周边文化产生了持久的向心力。这种“精神世界”，很大程度上就是中华传统的礼制文明。与世界上其他靠武力征服扩张领土的模式不同，中华文明历来不具有侵略性和扩张性，而是依靠自身文明的向心力和感召力。而早在殷商时期，中华文明的“旋涡”中心就已经开始形成。

（三）

商王朝实行的是内服、外服统治模式。所谓“内服”，我们可以理解为商王朝的王畿之地，以都城殷墟为中心，西到太行山东麓，北抵邢台，南到郑州，东至濮阳一线皆为王畿地区，属于商王直接管辖之地，也可以将其看作殷商文明“旋涡”的中心。

王畿之外分布着大量的方国。所谓“方国”，一般是指甲骨文中记载的“方”，即地方政权，其首领称“方伯”。方国要想生存和壮大，必须

◎俯视洹北商城一号宫殿 中国社会科学院考古研究所安阳队提供

在相互之间的竞争中不断取胜。甲骨文记载中常与商王联合作战的，多是败于商王后成为军事同盟者的方国。作为参盟方国，主要任务是参加联合军事行动，向商王提供贡赋，承担各项事务。而在外敌入侵时，方国可以请求商王予以保护。王畿之外的方国，可以理解为商王朝的外服。西到关中，北至幽燕，东到沿海，南至长江，分布着大量方国。我们可以把其看作殷商文明“旋涡”的边缘。考古发掘表明，方国之内，其文化面貌与王畿地区高度一致，特别是体现礼制的青铜礼器极有可能铸造于都城青铜作坊，而由商王赏赐给方国首领。

在我国更大范围内，也同样分布着不同的青铜文明。比如四川三星堆文化，出土四羊方尊的湘江流域青铜文化，长城沿线的游牧草原青铜文化等。它们各有其独特的文化特征，但都深受殷商文明的影响。在三星堆遗址的祭祀坑中，大量青铜器、玉器的风格与殷商王畿地区十分相近。我们可以把商王朝周边的青铜文明，看作殷商文明“旋涡”飞溅之地的产物。作为当时最为发达的青铜文明，殷商文明在与周边青铜文明交往过程中，对其产生了强烈的影响。也就是说，中原文化影响力在不断的交流中向外延伸，“旋涡”越来越大，向心力与吸引力也越来越强，中华文明最终由幼苗长成参天大树。

（四）

文化交流与融合具有双向性和潜在性。作为古代东亚地区政治、经济、军事、文化高度发达的殷商文明，对周边区域的青铜文化影响深远。但周边青铜文化也同样对殷商文明产生重要影响，是殷墟文明要素的重要来源。其中，马车就是最典型的代表。

东周之际，周王式微，春秋五霸、战国七雄，烽烟四起、风雷激荡。汉代刘向《战国策》中称：“万乘之国七，千乘之国五，敌侔争权，盖为战国。”战国七雄即“万乘之国”。“乘”为军队编制单位，一辆战车有甲士3人，另配少者几十、多者上百的步卒与后勤等。“万乘之国”乃百万雄师。马拉战车驰骋疆场，家国命运、人生成败在隆隆的车轮声里、战马的嘶鸣中跌宕起伏。可又有谁知，当年商王朝军队在与北方游牧民族接触时首次遭遇战车的情景呢?

考古发掘表明，中原地区最早的马车出现于殷墟。有学者认为正是商王武丁在争夺北方或西北方的过程中见识了马车的威力，并迅速引进到中原。最早起源于西亚或西伯利亚草原地区的马车，一路东进南下，最终到达了中原核心地区。截至目前，殷墟已发现近百个用于殉葬的车马坑。马车为双轮单辕，二马分立辕之两侧，用衡与轭把车与马固定连接。车箱（舆）固定于两轮之间的轴上，车门位于车箱后部。马车不仅仅是交通运输工具，其在战场上所向披靡，可对敌方步兵方阵造成极大冲击。

◎殷墟孝民屯遗址 M30 车马坑 中国社会科学院考古研究所安阳队提供

历经商代、西周时期不断改进，马车的利用最终在战国之时达到顶峰。

在殷商文明飞速发展的进程中，吸纳、融合了诸多周边青铜文化的因素，马车只是其中之一。大量生产生活物资由周边地区输入中原，与此同时伴随着各民族大规模的互动。各民族相互交流、学习，极大地推动了中华文明进程。殷商也正是在这个过程中，走向了我国青铜文明的第一个高峰。

文化因交流而多元，文明因互鉴而精彩。汉代张骞凿空西域、开通丝绸之路之先，已有彩陶之路、青铜之路乃至玉石之路。这些都表明了各民族交往交流交融的历史事实。

回顾殷墟考古发现的过程，我们有充分的自信，在面对各种新的“文化西来说”时，不会再有当年的顾虑与局促。中华文明向来不排斥、不惧怕外来文化，而是在充分吸纳与融合中加以改造和利用，使其成为自身的一部分。这也是中华文明永续的根本动力！

（原载《中国民族》2021 年第 5 期）

良渚古城

“中华第一城”

刘斌（浙江省文物考古研究所原所长，浙江大学艺术与考古博物馆馆长）
马黎（《钱江晚报》记者）

长江下游环太湖流域的南部，距杭州市区西北 20 公里，跨越良渚、瓶窑两镇，是一处人口稠密的山间平原。5000 多年前，人们选择这个河湖遍布、山林环绕的地方，建立了一个王国——良渚。

良渚，美丽的小洲，山环水绕，形成一个相对独立、安全的地理单元。良渚古城距今 5300 ～ 4300 年，其营建使用时间前后持续近千年，核心区由内而外，分别是内城（包括宫殿区、墓葬区、作坊区和仓储区等）、城墙及外郭城，城外还分布着郊区的祭坛墓地和由 11 条水坝构成的大型水利系统。

作为一个新石器时代晚期以稻作农业为经济基础、存在社会等级分化和统一信仰的早期区域性文明国家，良渚印证了长江下游环太湖地区对中华文明起源的深刻影响，真实展现了新石器时代长江下游稻作文明的发展程度，揭示了这个新石器时期早期区域城市文明的全景。

良渚古城遗址的发掘意义重大。高大的宫殿台基、雄伟的城墙、古老而庞大的水利工程，以及出土的数以千计象征权力与信仰的精美玉器，

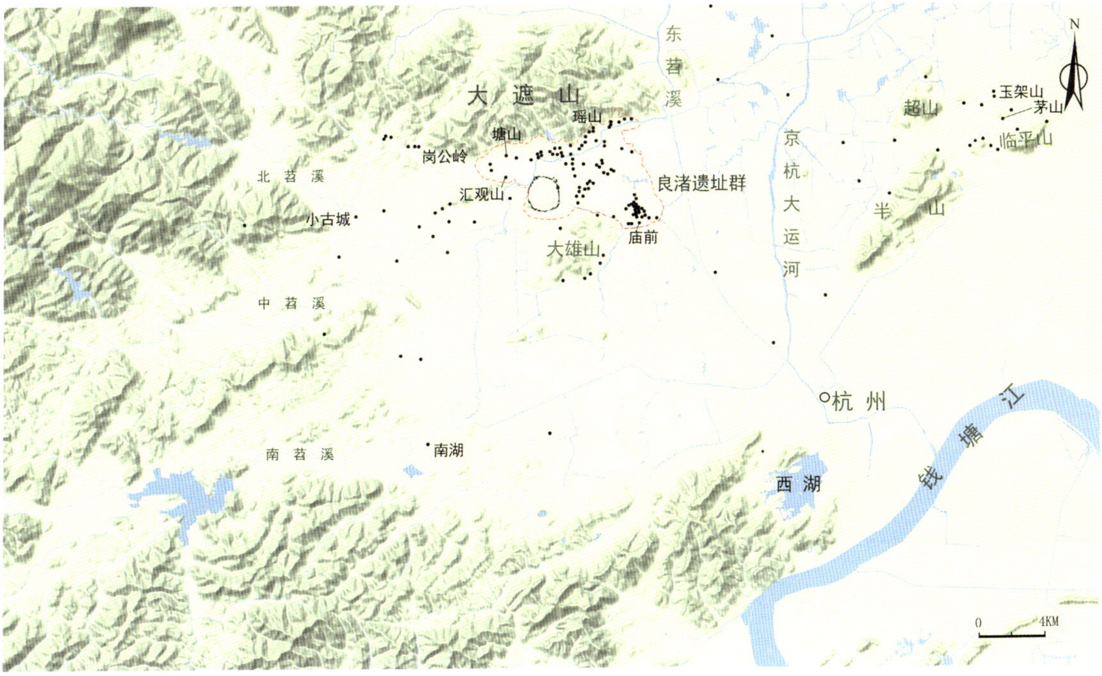

◎良渚古城遗址所在的C形盆地遗址分布图 浙江省文物考古研究所提供

无不佐证了良渚文明是中华大地上迄今所知第一个能够被确证为国家的文明。良渚王国城址的布局与功能性分区、人工台地上遗址的分布特征等情况，高度体现了其作为世界文化遗产的重要价值，为中华文明发展提供了独特的见证。

为什么被称为“中华第一城”

1992年，考古人员在余杭中部大观山果园之下二三十厘米的地层，发现了良渚古城最核心的宫殿区——莫角山。5000多年前，这里王侯聚集，地位显赫。

据考古学家推算，莫角山土台的人工堆筑方量达到228万立方米。举世瞩目的埃及胡夫金字塔的石方量为252万立方米，虽比莫角山大，但它距今4700年，比莫角山年代晚。所以，在5000年前，莫角山土台是全世界规模最大的单体建筑工程。

自2007年良渚古城被正式发现以来，经过不间断的考古发掘，人们对其结构布局和格局演变有了基本的认识。2011年到2016年，莫角山遗址的持续发掘，使良渚古城的主要功能结构得以基本廓清。目前保存完好的古城结构，与北方平原地区的不同，它以地面堆筑模式营建而成。

莫角山宫殿区位于良渚古城的正中心，面积近30万平方米，占据了整个古城的1/10，也是目前我国规模最大的史前宫殿区，远远超过年代更晚的龙山时代石峁、陶寺和夏代二里头的宫殿区或宫城，堪称“中华第一城”。

良渚古城地处浙西山地与杭嘉湖平原交接处的C字形盆地里，整个城市系统的布局与山形水势充分契合——三面环山，使古城具备了坚实护卫;一面临东苕溪，自西南向东北蜿蜒流过，最终注入太湖，水运便利。城址靠近天目山东端，可以利用玉、石、木等山地资源防治水患；广阔的河网平原,适于稻作农业。显然,良渚先民在规划宫城时做过精心考量,视野极其开阔。

良渚古城的核心区可分为三重，从最中心的莫角山宫殿区，到面积分别为约300万平方米的内城及约800万平方米的外城，堆筑高度由内而外渐次降低。同时，古城北部和西北部分布着规模宏大的水利系统和与天文观象测年有关的瑶山、汇观山祭坛，在古城外围则有着广阔的郊区。核心区、水利系统、外围郊区总面积达到100平方千米，规模极为宏大。皇城、内城、外城这三重格局，与明、清北京城宫城、皇城、外城的三重结构体系也非常类似。

据不完全统计，埃及吉萨金字塔土石方量为504万立方米，而整个良渚古城及外围水利系统的土石方总量达1005万立方米，还不包括良

◎莫角山宫殿区遗迹分布图 浙江省文物考古研究所提供

渚晚期才兴建起来的外郭城。

又据考古专家的估算，当时良渚古城居住的人口约为 2 万人。假设参与工程建设的人数为 1 万人，以每年农闲时间参与古城建设 100 个工作日计算，这些人要完成如此规模的土石方量需要 27.5 年。

因此，良渚古城是一个经历数十年建设过程的庞大工程系统。修建这么庞大的工程，需要高度集权和分工的社会组织才能完成，这无疑是良渚文明进入国家社会的重要标志。

可以说，良渚人创造的规模庞大的城市系统，是我国乃至东亚地区早期城市规划的典范，也是我国最早的三重城市格局，在城市建设史上具有开创意义。以 800 万平方米的外城计算，它的占地规模领先 1500 年，直到距今 3500 年前后才被郑州商城超越。

良渚古城的发现以及良渚文明的确认，经历了 80 多年。1936 年，施昕更先生首先发现良渚遗址。由于当时盗掘出土的良渚玉器被认为是周汉之物，良渚文化的重要性并没有被认知，学术界判断良渚出土的黑陶是北方龙山文化南渐的结果。1959 年，中国现代考古学奠基人之一的夏鼐先生命名了“良渚文化”。1973 年，江苏吴县草鞋山遗址的发掘，第一次确认曾被认为属周汉时期的琮、璧等玉器出自良渚文化墓葬。20 世纪 80 年代前后，随着江苏张陵山、寺墩，上海福泉山，浙江反山、瑶山、莫角山等遗址的发掘，大量随葬玉琮、玉璧、玉钺等玉礼器的权贵大墓被发现，同时被发现的还有莫角山等人工堆筑的巨型土台，让考古学家对良渚文化的社会发展阶段有了新的认识。由此，学术界普遍认为，良渚文化已显露出文明曙光，甚至已进入文明阶段。2006 年至 2007 年，面积达 300 万平方米的良渚古城以及规模宏大的外郭、水利系统的发现，

调查示意图　浙江省文物考古研究所提供

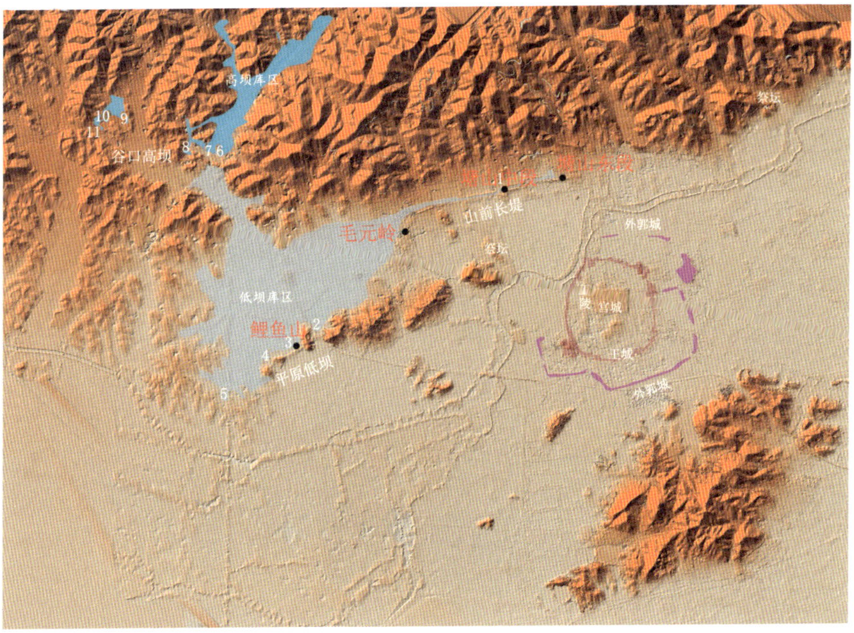

◎良渚古城及外围水利系统结构图 浙江省文物考古研究所提供

表明良渚已处于成熟的文明阶段，是同时期我国文明程度最高的文明形态，而良渚古城就是良渚文明的中心。

良渚古城的考古成果，逐渐得到国内学术界的广泛认可。1995 年，著名考古学家张忠培先生就根据反山、瑶山等墓地的发现撰文说，良渚文化已经进入文明社会。随着良渚古城的考古成果日益丰富，他进一步指出："从目前的考古发现和研究来看，如果我们要谈中华五千年文明，只有良渚文化的良渚遗址能拿得出来。"在 2016 年良渚文化发现 80 周年学术研讨会上，曾任北京大学考古学系主任的严文明先生指出："假若良渚是一个国都的话，那些（指福泉山、寺墩等）就是各个州郡所在地，这就是一个很像样的广域王权国家了。"与此同时，同样担任过北京大学考古学系主任的李伯谦先生也认为，良渚文化已正式进入王国阶段，是我国王国阶段的开端。

随着相关国际学术会议的相继召开，良渚古城也越来越得到国际考

◎良渚黑陶带流宽把杯　浙江省文物考古研究所提供

古学家的广泛关注。英国剑桥大学教授科林·伦福儒撰文指出，良渚古城已展现出强大的社会组织能力，其文化的复杂程度超过英国的巨石阵、希腊的克罗斯等早期文明，也已超出酋邦的范畴，是东亚最早的国家社会。

为什么是实证中华5000多年文明史的圣地

作为中华文明探源工程的一项课题，良渚遗址是“关系到国家的起源”的重大考古发现，是实证中华5000多年文明史的圣地。

良渚文化具有三个要素：一是由于最早的发掘地在浙江余杭良渚，便以此地名命名这一文化；二是遗址点分布于长江三角洲太湖平原这个特定地区；三是该文化存在于距今5300～4300年这个历史时期。

◎良渚古城反山、瑶山等墓地出土的玉器 浙江省文物考古研究所提供

良渚文化分为核心区和外围区，核心区是以位于杭州市余杭区的良渚古城遗址为中心，面积约 3000 万平方米的环太湖地区；外围区，向北可扩展至江淮地区、宁镇地区，向南可达金衢盆地、宁绍地区。目前，全国已经发现良渚文化遗址 1000 多处，光是杭嘉湖地区就有 700 多处。

考古学上所说的“文明”有特定含义，指的是一种文化的社会形态已发展到了较高阶段，即“文明”阶段。但是判断“文明”的标准和要素，过去与现在不太一样。20 世纪，考古学家和社会公众常常拿城市、文字、青铜器等几个标准来判断一个社会是否进入文明阶段，但近二三十年来大量国内外的考古成果显示，这样的判断标准过于简单。

根据中华文明探源工程的实践，我国考古学家最新归纳出了中华文明的几大特征——

史前农业和手工业取得显著进步；人口增加，并出现显著的人口集中倾向；社会贫富、贵贱分化日益严重；形成金字塔式的社会结构，出现集军事指挥权、社会管理权和宗教祭祀权于一身的王；在社会基层血缘关系仍然保留，人们聚族而居、聚族而葬，形成族邑；暴力与战争成为较为普遍的社会现象；形成王权管理的区域性政体和服从于王的官僚管理机构。

良渚文化的物质特征显示，从资源分配、经济分工、社会分化以及早期信仰体系的统一性等各方面综合考虑，这个阶段的社会复杂化程度无疑可以称为“文明”。

也正是因为如此，司马迁在《史记》中把黄帝列为《五帝本纪》之首，作为古史开端，才有了中华文明上下 5000 年的说法。

中华 5000 多年文明的依据到底是什么

根据历史文献，中华文明都以大一统的夏王朝作为开始。夏商周断代工程将夏代开始的年代，暂定为公元前 2070 年。但是，由于处于晚商阶段的殷墟发现了大量青铜器以及铭刻有文字的甲骨等遗物，因此国际学术界曾经认为中华文明仅始于殷商时期，距今 3300 多年。

而良渚古城遗址和良渚文化的深入研究，有力地改变了这一传统观念。

实际上，中华文明是以黄河流域和长江流域为中心形成的一个大的文明体，是多个区域文明逐步融合的产物。中华文明诞生之初，在中华大地上就已经形成了许多强势的文化类型。比如较早的庙底沟文化、凌家滩文化、红山文化，距今 5000 年前后的良渚文化、屈家岭文化、大汶口文化以及更晚时期的龙山文化、石家河文化、煤山文化、齐家文化、陶寺文化等。

随着中华文明探源工程的推进，人们渐渐发现，在中华早期文化“满天星斗”中，不少已进入文明阶段。但这一时期，统一的中华文明还没有形成，我们可以称之为区域文明时代。

在距今5000多年的区域文明中，良渚文明的发育程度最高，理所当然是当时中华文化苍穹中最闪亮的一颗星，体现了多元一体、兼收并蓄、绵延不断的中华文明特质。

根据联合国教科文组织世界遗产委员会的表述，良渚文明是“一个新石器晚期以稻作农业为经济支撑、存在社会分化和统一信仰体系的早期区域性国家形态”。至于它的代表性，则是“通过大型土台建筑、城市规划、水利系统以及墓葬墓地差异所体现的社会等级制度，使该遗址成为早期城市文明的杰出范例”。这清晰地阐明了良渚文明的发展程度和区域特点。

考古学者揭示了良渚文明的特点和内涵，将其归纳为城市文明、玉器文明、稻作文明、土筑文明、水利文明、原始文字、礼制文明、宗教

◎良渚反山12号墓发现的玉琮王　浙江省文物考古研究所提供

文明等。规模宏大的古城、功能复杂的水利系统、分等级墓地（含祭坛）等一系列相关遗址，尤其是具有权力和信仰象征的玉器，还有“神徽”所统一的精神信仰，形成了一个声音——良渚是实证中华5000多年文明史的圣地，足以与其他世界古老文明比肩。5000年前后，也正是古埃及文明、苏美尔文明、哈拉帕文明开始出现的年代，它们所处的尼罗河流域、两河流域及印度河流域，也同在地球北纬30度附近。

如今学术界已普遍认为，良渚文明是我国第一个成熟文明和早期国家。对于这座城、这个王国，我们曾经没有任何记忆。历史的一大步，是从考古人的一小铲、甚至是从一小块石头开始的。

5000多年前，良渚人描绘了一张宏大的蓝图，它控制着以太湖流域为中心的长江下游，甚至将其影响扩散到江苏北部、钱塘江以南的地区。我们难以想象，在没有便利交通和通信的古代，它是如何实施王权统治的。

雕琢精美的玉器是良渚王国权力与信仰的集中体现，成组玉礼器更是良渚复杂社会组织结构的反映。玉文化是中华文明的重要基因。距今8000多年前的内蒙古敖汉旗兴隆洼遗址就出土了世界上最早的耳饰——玉玦。这一文化潮流向四面八方扩散，在距今5000多年的良渚文化时期达到巅峰。

在良渚文化高等级的王族墓地和贵族墓地中，发现了代表神权的玉琮、象征军事指挥权的玉钺、体现财富的玉璧，以及装饰在帽子上、佩戴在衣服上的各种特殊玉饰件，充分显示墓葬主人凌驾于部族平民之上的显贵身份。这些玉器上基本都刻有或繁或简的神人兽面像，这种图案被称为良渚部族崇拜的“神徽”。它几乎是良渚玉器唯一的主题，是良渚玉器的灵魂。

从良渚早期到晚期，神像的造型几乎不变，完全是程式化、标准化的复刻。这是礼器表达的需要，更是精神信仰统一的要求。作为精神信仰统一的象征，“神徽”的覆盖面从良渚遗址核心区，一直延伸到整个环太湖地区。

良渚文化的琮、璧、璜，成为周汉“六器”玉礼系统中重要的组成部分。就玉礼制度而言，良渚文化是我国玉器文明的一大源头，也是我国数千年礼制文化的主要源头。

考古学界认为，作为我国史前玉文化发展的最高峰，良渚玉器影响了同时期甚至更晚的周边文化。二里头、殷墟、三星堆、金沙等许多夏商周时期的遗址中，也都发现了源自良渚文化的玉琮、玉璧等。从良渚到商周，正是中华文明从多元走向一体、连续不断、逐步汇聚交融的过程。良渚文明中的都城规划建设以及玉礼器系统体现出来的礼制观念，都被后世吸收、借鉴，成为中华文明多元一体发展进程中的重要源头。

水路是古代先民交流和文化传播的重要通道。良渚文明的因子，通过水路交通，借由琮、璧等玉器向周边扩散。直到商之后，在商代高等级墓葬中仍然可以发现玉琮的身影。

尊玉、礼玉、爱玉的传统，一直存在于中华民族的血脉中，沉淀为我们的文化基因。多元一体、兼收并蓄、延绵不断，这便是玉器显示的中华文明发展脉络，也是中华文明的特质。

在中华民族共同体形成过程中的重要作用

良渚文化对同时期文化的影响，主要表现在苏北的大汶口文化和广东的石峡文化当中。

在良渚文化向北扩展中，其对江苏新沂市花厅遗址的影响最为突出。花厅遗址的墓葬中，存在着大汶口文化陶器与良渚文化陶器共存的现象，同时还随葬着不少良渚玉器。在这里发现了迄今为止良渚文化最长的一件锥形器，以及琮、璧、钺、冠状饰等良渚典型的玉礼器。这种代表权力和信仰的玉礼器的出现，是良渚王国疆界和权力所及的一种表现。

◎良渚反山 15 号墓出土玉冠状饰 浙江省文物考古研究所提供

有意思的是，在距离良渚更远的广东石峡文化遗址，也发现了很多良渚文化的琮、璧、钺、锥形器等玉器，出土的陶器中也有双鼻壶、贯耳壶等少量良渚文化陶器。

面对这些相距数千里、中间缺乏连环的文化现象，对其出现的原因以及文化传播的方式，虽然目前尚无定论，但我们能从一个侧面看出，良渚文化在中华民族共同体形成的过程中起到了重要作用。我们也能够从鼎、豆、壶以及琮、璧、璜等礼器系统中，看到青铜时代及其以后整体的中华文化对良渚文化的吸收和继承。当然，探讨这种作用和汇聚的过程，还要依赖良渚遗址上的更多发现，这也正是今后良渚文化研究中要格外关注的课题。

良渚文化的玉石器对稍晚的龙山时代诸文化也产生了极大影响。在山西陶寺遗址中出土的玉琮，有横的分节以及四面的竖槽，这显然是良渚文化玉琮传播演化的产物，而斜柄的 V 字形石刀更是良渚文化所特有的石器种类。在陕北延安芦山峁、神木石峁以及新华等龙山时代的遗址中，同样出土和采集有良渚式的玉琮，另外有较多的玉钺、玉璧和玉璋及 V 字形石刀等。其中玉琮不仅四面有竖槽和分节，而且还刻画着良渚的“神徽”，这显然是直接吸纳或借鉴了良渚文化的产物。此外，在甘肃、青海等地区的齐家文化中，也发现数量不少的玉琮、玉璧、玉钺等良渚式玉器。

台形和鸟杆的组合图案，由于多见于传世的良渚文化晚期的玉璧和玉琮上，所以一直以来被认为是其象征性符号。1996 年，考古学家在浙江桐乡叭喇浜遗址中同样发现了这种图案。近年来在浙江好川墓地、温州老鼠山墓地以及山东莒县陵阳河等遗址中，又发现了与台形图案一致的镶嵌玉片。这些发现使我们认识到这种图案虽发源于良渚文化，但其分布范围已大大超出良渚文化的地域。

在二里头、殷墟等许多夏商时代的遗址中，也都发现了源自良渚文化的玉琮、玉璧以及良渚文化或长江与黄淮下游地区其他史前文化的玉钺等玉器。值得一提的是，在四川广汉三星堆以及成都金沙等商周时代的遗址中，仍然有良渚式的玉琮、玉璧和玉锥形器等。无疑，这些发现为我们理解良渚文化的后续发展以及中华民族多元一体格局的形成过程提供了重要启示。

（原载《中国民族》2021 年第 5 期）

◎俯瞰黄帝陵　黄陵县轩辕黄帝文化研究会提供

黄帝陵

“华夏第一陵”

张茂泽（西北大学教授）

位于陕西省黄陵县桥山之巅的黄帝陵，乃中华民族始祖轩辕黄帝的陵寝，1961 年被列为全国首批重点文物保护单位，编号“古墓葬第一号”，世称“天下第一陵”，是海内外中华儿女尊崇和景仰的圣地。

2015 年 2 月，习近平总书记在陕西考察时指出，“黄帝陵是中华文明的精神标识”。这高度概括了黄帝陵的崇高地位和黄帝陵祭祀的意义与实质。

黄帝是中华民族的始祖，也是中华文明的人文初祖。悠悠 5000 年，黄帝已成为中华文化的符号、中华民族的象征。黄帝陵文化积淀深厚，是新时代凝聚海内外中华儿女团结伟力、为实现中华民族伟大复兴中国梦而奋斗的重要精神资源。

中华始祖

黄帝本是部落首领，阪泉之战、涿鹿之战后，被尊为“天下共主”。黄帝、炎帝、蚩尤部族相互融合，构成华夏民族的基础，黄帝文化也发展为华夏文化的重要组成部分。

黄帝被确认为中华始祖，经历了一个历史过程，先是口头传说，后是古史描述。这个过程以中华各民族交往交流交融为基础，从原始社会到魏晋南北朝，历经数千年积累才得以完成。其记录性的代表著作，包括《史记》《晋书》《北史》《魏书》等。

司马迁著《史记》以《五帝本纪》开篇，黄帝居首。他记述道：黄帝是少典氏的后代，少而聪明，长大后修德振兵，成为天下共主。黄帝

◎ 1961 年 3 月，黄帝陵被国务院公布为全国首批重点文物保护单位，编为『古墓葬第一号』 高明 摄

◎郭沫若书黄帝陵碑名 高明 摄

娶嫘祖为妻，生了25个儿子。五帝中的颛顼、帝喾、尧、舜都是黄帝的后代。大禹所传的夏人、契的后裔商人、后稷的子孙周人，以及春秋战国时期各诸侯国，也多属黄帝血脉。司马迁最早系统记录了黄帝的血脉传承，并据此确立了黄帝的华夏始祖地位。

司马迁还记载，秦人、汉人都是黄帝的后裔。闽越人是越王勾践的后代，而勾践是周太伯之后，与周文王是一家。西汉时期，北方匈奴的先祖则是“夏后氏之苗裔”。夏后氏，与大禹同姓姒，即夏人的后代。南方“蛮夷”的先祖盘瓠是高辛氏帝喾的大臣，因有功，帝喾“以女配盘瓠”，并生子女12名，六男六女，后发展为族群，“号曰蛮夷”……可以说，广布我国南方的“蛮夷”都同属黄帝血脉。

中华民族的始祖，从考古发掘看有元谋猿人、蓝田猿人、巫山猿人等，从文献记载看则还包括有巢氏、燧人氏、神农氏等。司马迁等史家均认同黄帝是中华民族始祖，可以视之为汉代中华民族共同体意识萌发的产物。

华夏文化经典《诗经》《尚书》没有提到黄帝，反映先秦大儒孔、孟、荀思想的《论语》《孟子》《荀子》也无此记载。据《国语·晋语四》所述，炎帝、黄帝是兄弟，为少典氏娶有蟜氏所生；黄帝姓姬，炎帝姓姜。有关黄帝的文献记载很少，更多的只是传说。对此，司马迁进行实地调查研究，西抵崆峒，北达涿鹿，东至于海，南到今江浙、湘滇等地。所到之处，他发现各地风俗不同，但多言有黄帝遗迹，于是将《黄帝本纪》作为《史记》篇首。

战国中期，黄老学派开始尊崇黄帝。汉初，朝廷崇尚黄老，无为而治，发展生产。尤其是汉文帝，厉行节约，轻徭薄赋，三十税一，很快使国家富起来。司马迁的父亲司马谈就推崇“道德家”，即黄老道家。司马迁尊崇黄帝，有黄老的家学渊源，也有黄老思想指导国家政策实践效果的检验。黄帝被确认为中华民族的始祖，适应了汉代治理多民族大一统国家的需要。黄老学主张无为而治，在实践中被理解为君主无为、臣下有为，受到诸侯国支持。汉景帝时各路诸侯呈尾大不掉之势，导致“七国之乱”。汉武帝即位，继续加强中央集权，削弱诸侯国势力，特别是在政治制度和思想文化上采取措施，维护和巩固统一多民族国家：政治上加强中央集权，地方推广郡县制；思想文化上表彰六经、罢黜百家，催生两汉经学及三纲五常，为国家提供意识形态支持和道德规范约束。

以司马迁为代表的汉代人认同黄帝是华夏民族始祖，这是民族认同的表现。随着华夏民族和其他民族越来越密切、深入的交往交流交融，这种始祖认同得以发展，中华民族认同也日益增强。某种意义上，黄帝意识是中华各民族加强交往交流交融的黏合剂。

魏晋南北朝时，黄帝意识更加勃发。房玄龄等编撰《晋书》，记载的北方民族多以黄帝为始祖，充溢着中华各民族天下一家的思想。当时，民间有人在鄠县自称“大黄帝”，聚众数千，建元龙兴。建立大夏政权的匈奴人赫连勃勃也很熟悉黄帝事迹，并以黄帝、大禹后裔自居，“自以匈奴夏后氏之苗裔也，国称大夏”，今“将应运而兴，复大禹之业”，有意识地凸显其黄帝、大禹血统，强化其政权的正统合法性。这一时期，匈奴、鲜卑、羯、氐、羌等先后建立部族政权。为加强统治，他们基本上都采取了以下三个重要策略。

一是认同黄帝始祖，强化民族基因中炎黄血脉的正统性。前燕奠基者、鲜卑人慕容廆，“其先有熊氏之苗裔”。“有熊氏”即黄帝，前燕演变出的后燕、南燕、北燕等鲜卑慕容氏政权，皆属黄帝后裔所治。前秦氐人苻氏，“略阳临渭氐人也。其先盖有扈之苗裔”。“有扈”，即“有扈氏”，与大禹同族，略阳氐人同为黄帝的后代。后秦羌人姚氏，“其先有虞氏之苗裔”，“有虞氏”即舜。北魏鲜卑拓跋氏，自称祖先“出自黄帝轩辕氏”，因为“黄帝以土德王，北俗谓土为托，谓后为跋，故以为氏”，完全以黄帝后代自居。建立后凉的吕光也是略阳氐人，他“追尊吕望为始祖”，认为西周太公吕望是自己的始祖，自认“炎帝之裔”。北周宇文氏，自称“其先出自炎帝神农氏”。总之，他们都自认属炎黄血脉，居华夏正统。

◎黄帝陵精神标识碑 黄陵县轩辕黄帝文化研究会提供

可见，认同黄帝、炎帝等是自己的民族先祖，在当时的北方部族政权中比较普遍。这也反映了西周以来嫡长子继承制的宗法政治意识。

二是认同中原为华夏中心，并努力进入中原地区，在此建立政权。如前赵占领关中平原，后赵扩及中原和今河北、山西等地。时人以为后赵占据长安、洛阳二都及中原、北方，就可以“为中国帝王”，成为正统。南北政权都自居正统，这正是朴素的统一多民族国家观念和中华民族共同体意识的曲折表现。

三是在治国理政中学习应用中原文化。建立北魏的拓跋珪认同“《春秋》之义，大一统之美”，做帝王应“继圣载德，天人合会”，认识到华

◎黄帝陵中华神天鼎 黄陵县轩辕黄帝文化研究会提供

夏治国传统是“上古之治，尚德下名，有任而无爵，易治而事序”，秉持的治国原则是“道义，治之本；名爵，治之末”，而又“能通其变，不失其正”。北魏世祖拓跋焘率军攻灭大夏、北凉、北燕，统一北方，进而制定政策，推动民族融合。他下诏说：“在昔帝轩，创制造物，乃命仓颉因鸟兽之迹以立文字。自兹以降，随时改作，故篆隶草楷，并行于世。然经历久远，传习多失其真，故令文体错谬，会义不惬，非所以示轨则于来世也。孔子曰，名不正则事不成，此之谓矣。今制定文字，世所用者，颁下远近，永为楷式。”这项文字改革和规范，奠定了魏碑字体的基础。孝文帝拓跋宏则整理孔庙祭礼，要求“尊明神，敬圣道”，下诏向全民求谏，要求“百辟卿士，工商吏民，各上便宜。利民益治，损化伤政，直言极谏，勿有所隐……使言之者无罪，闻之者足以为戒”。北魏治国者有与官吏“共治天下”的意识，祭祀舜、禹、周公、孔子等圣人，重用汉族士子，建立基层邻、里、党三长制。他们还要求官员奖励生产，“劝课农桑，兴富民之本”，轻徭薄赋，“简以徭役，先之劝奖，相其水陆，务尽地利，使农夫外布，桑妇内勤”；实行均田制，促进农业生产发展；全面推动汉化，迁都洛阳，以汉服代替鲜卑服，以汉语代替鲜卑语，下诏“不得以北俗之语言于朝廷”，改鲜卑拓跋氏姓元。其治国理想“胡越之人亦可亲如兄弟”，此言正是后来唐太宗“华夷一家说”的张本。

魏晋南北朝各民族地方政权血缘上认同炎黄始祖，以中华正统自居，有力推进了各民族的大融合，为大唐盛世的来临准备了人文条件。在此过程中，黄帝始祖意识发挥的作用十分突出。唐代宗大历五年（770 年），鄜坊节度使臧希让奏称“坊州有轩辕黄帝陵阙，请置庙，四时享祭，列于祀典”，得到朝廷批准。黄帝陵在唐代宗时正式出现于史籍记载，可以视为各民族大融合成果的符号化表现，是中华民族多元一体格局强化的表征。

华夏旗帜

在黄帝时代，中华文明取得了奠基性成就。

物质文明方面，驯养和使用牛、马，发明车、船，学会打井、养蚕缫丝，战争中使用铜制兵器。

制度文明方面，制作冠冕、衣裳，政治上举风后、力牧等 6 人为相，设官治民，并设左、右大监“监于万国”；《国语·鲁语上》说“黄帝能成命百物，以明民共财”，即给事物、社会各等级命名，让民众分别共享财产。

精神文明方面，发明文字，制定历法和甲子，绘画、音乐、舞蹈等艺术都有发展。

◎相传黄帝陵内的黄帝手植柏 高明 摄

从考古发掘看，今陕西、甘肃、山西、河南、河北、山东、安徽等地，都发掘出大量仰韶文化中期遗址。当时，出现了农耕、制陶、纺织、冶铜等生产方式，诞生了文字、历法、音乐、舞蹈、宗教等文化形式，社会组织从氏族、胞族、部落发展到了部落联盟，出现了中心聚落——早期城邑。如西安半坡遗址在7000年前到6000年前之间，西安高陵杨官寨村也发现了6000年前到5500年前之间的文化遗址，两者地理相近，前后相续。可见，黄帝时期是中华文明大创造大发展时期，国家雏形开始具备。

黄帝文化不断发展，逐渐演变成为中华文化符号和中华民族象征，成为凝聚、团结中华各民族的重要精神纽带。这主要表现在历代黄帝祭祀上。

“黄帝崩，葬桥山”中的“桥山”，指的就是今陕西黄陵县的桥山。司马迁《史记·孝武本纪》和《封禅书》均记载，公元前116年，汉武帝“北巡朔方，勒兵十余万，还祭黄帝冢桥山”，拉开了帝王亲临黄陵桥山祭祀黄帝的历史序幕。此后，唐、宋、元历朝历代都有祭祀、修葺、保护黄帝陵的确切记载；明清时期，祭祀黄帝陵更成为国家的一项政治制度。黄帝陵轩辕庙至今保存有150余通历代祭祀、保护黄帝陵和颂扬黄帝功德的致祭碑、纪事碑和题字、题词、题咏碑。就这样，中华儿女在桥山黄陵祭祀黄帝，形成了中华民族的祭祖文化传统。

其实，祭祀黄帝的历史源远流长。5000多年前，黄帝去世后，第一次进行公祭，由大臣左彻“削木为黄帝之像，帅诸侯朝奉之”。4000多年前，舜部落联盟统治时期，祭祀黄帝已成为制度。《国语》记载：“有虞氏禘黄帝而祖颛顼”“夏后氏禘黄帝而祖颛顼”。近3000年前，周穆王是首位主持祭祀黄帝的天子，“升于昆仑之丘，以观黄帝之宫，而丰隆之葬，以诏后世”。距今2400多年前，秦灵公“作吴阳上畤，祭黄帝”，首次建庙专祭黄帝。距今1200余年，黄帝陵、庙出现于文献记载。从此，朝廷设官管理黄帝陵、庙，遣官按时祭祀黄帝，已然制度化。

汉武帝公祭黄帝，适应了汉代统一多民族国家建设的时代需要，标志着黄帝祭祀制度的成熟。汉代是中华民族共同体形成发展的重要阶段，华夏民族和其他许多民族交融，祭祖活动也相应得以发展。从汉人一家一姓祭祖，发展到中华各民族共祭黄帝，因应了汉代家国一体的社会结构和“以孝治天下”的国策需要。汉代从祭祖礼仪中提炼出忠孝道德，凝结为忠孝信仰，而后发展出经学思维，构建起三纲五常制度，黄帝祭祀都在其中发挥了作用。

近代中国遭受列强侵略，黄帝意识成为团结华夏儿女振兴中华的强大精神力量。辛亥革命高举黄帝旗帜，同盟会机关报《民报》第一期开篇刊登四幅图画，第一幅即黄帝画像，称为“世界第一之民族主义大伟人黄帝（中华民族开国之始祖）”。孙中山 1912 年 1 月 1 日就任中华民国临时大总统，3 月即派遣代表团赴黄帝陵祭奠黄帝，并亲撰《黄帝赞》祭文：“中华开国五千年，神州轩辕自古传……世界文明，唯有我先。”这篇祭文充满民族自信，至今传诵甚广。1937 年清明节，在民族危难之际，国共两党共祭黄帝陵，毛泽东代表中国共产党作《祭黄帝陵文》，明确定位黄帝“赫赫始祖，吾华肇造”，成为中华民族团结抗日的“出师表”。中华人民共和国成立后，毛泽东主席批示请周恩来总理部署对黄帝陵进行维修保护，并委托郭沫若为“黄帝陵”题字。

黄帝祭祀历史悠久，内涵深刻。如今我们祭祀黄帝陵，体现了后人对黄帝陵寝的尊重、对黄陵祭祀传统的尊重，更是中华儿女向中华民族始祖的致敬。我们祭祀黄帝，感恩、缅怀奠基中华民族、中华文明的杰出先祖，让无数华夏子孙贯通 5000 多年血脉，如兄弟、如手足，同气连枝、荣辱与共。华夏子孙以黄帝文化基因为源泉、为纽带，凝聚共识、达成默契，铸就牢不可破、坚不可摧的中华民族共同体。由此，维护、促进统一多民族国家的巩固和发展，使占世界人口五分之一以上的中华儿女亲如一家，同心同德、奋发有为，推动中华文明持续繁荣，实现中华民族伟大复兴。

精神标识

黄帝陵是中华文明的精神标识，还因为伴随各民族的交往交流交融，黄帝文化成为中华文明的内核，黄帝意识成为中华民族共同体意识的重要组成部分。

当然，这也同样经历了一个长期的历史过程。西汉初年开始，黄帝被尊为民族始祖；魏晋南北朝时，黄帝文化成为匈奴、鲜卑等各民族效仿、学习的重要内容；北宋时，黄帝进入儒家道统，完全成为中华民族的精

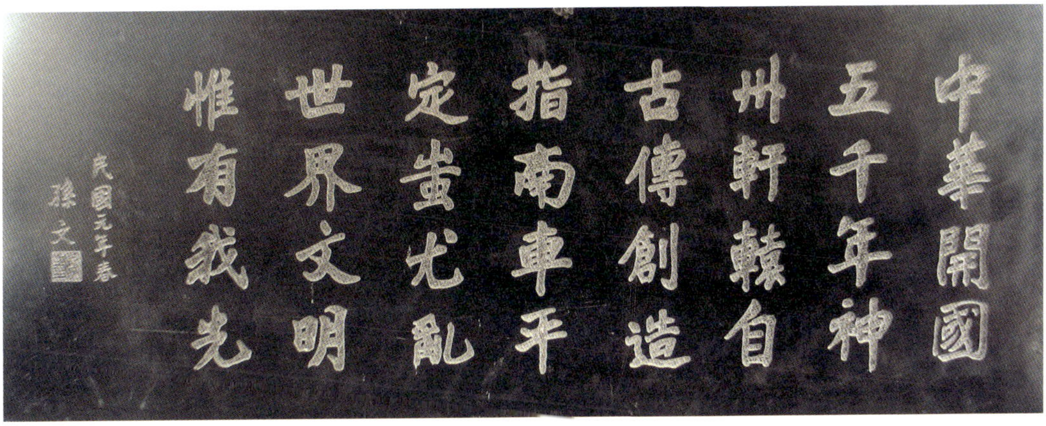

◎孙中山先生手书祭黄帝陵文碑刻 高明 摄

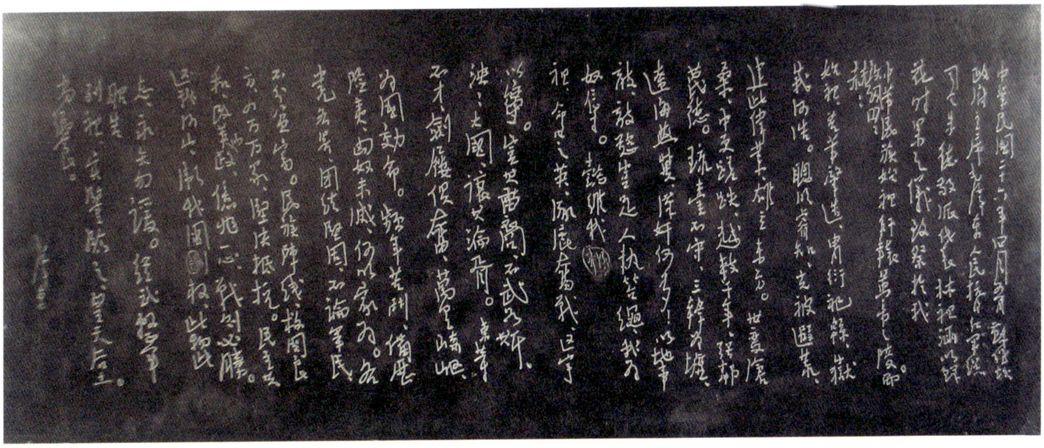

◎毛泽东主席手写祭黄帝陵文碑刻 高明 摄

神符号。

在这一过程中，儒学创始人孔子的民族观影响尤为深远。其要点如下：第一，断定和肯定华夏、“夷狄”有相同的人性，遵循忠信、笃敬等相同的道德规范和礼乐制度。第二，认为诸夏、“夷狄”都创造了文明成果，各自的文明程度和地位并非恒久不变；若诸夏“礼失”战乱，“夷狄”或更为文明。第三，断定有人性修养的人，可以改变社会落后面貌，发展人类文明。第四，肯定管仲保卫诸夏文明的历史功劳。

孔子的民族观始终贯穿文明内核，将民众利益和文明程度作为道德评价的重要标准。在他看来，一个人道德与否，不能仅局限于个人之间的信义。让民众享受实实在在的利益，保卫文明、避免野蛮化，才是衡量道德与否的重要指标。这为后人提供了道德评价的文明史标尺，影响深远。

以文野之分，定“华夷之辨”；不是看血缘族群的区别，而是看文明和野蛮的分野。视黄帝为中华始祖的观念，超越了各民族生物的、地域的狭隘界限，成为各民族交往交流交融的心理依据。依照黄帝始祖观念，匈奴、鲜卑等少数民族入主中原，或者华夏人散居“夷狄”，都没有民族心理的障碍。正是在黄帝始祖观念下，华夏、“夷狄”等不断交往交流交融，才逐步形成多元一体的中华民族。其中，文明化发展是实质，也是中华各民族交往交流交融的历史主旋律。

文明的核心内容包括道德，而黄帝则是中华民族史上第一位“修德”者。司马迁《史记》以黄帝为篇首，凸显黄帝“修德”的意义。他说：“自黄帝至舜、禹，皆同姓而异其国号，以章明德。”在他看来，“黄帝策天命而治天下，德泽深后世，故其子孙皆复立为天子，是天之报有德也”。

那么，黄帝有哪些“明德”？

黄帝立足于中华大地，创造中华文明，带领华夏先民走出野蛮时代，跨入文明社会门槛，造福当时民众，福荫子孙后代。据司马迁《黄帝本纪》描述，黄帝的道德和事业统一，主要体现在以下方面：带领民众发展生产（从事农业，发明劳动工具，掌握、积累天文历法等农学知识），改进民生（发明、使用生活用具），造福民众；开展军事行动，除暴安良，救民水火，保卫和平，维护公平；足迹遍中原，建立统一国家，创建国家制度，设官管理，维护社会稳定；创造文字、音乐、舞蹈等，发展文化，奠定中华文明基础；一生“未尝宁居”，勤政爱民，成为后来治国者的榜样。唯其如此，其子孙繁衍为中华民族，其创造的文明发展为中华文明，福佑中华民族成为全球人口最多的共同体，福佑中华文明成为没有中断自然发展进程的人类文明。

在中华各民族交往交流交融的文明史中，黄帝的德治观始终是一个核心内容。

前秦苻坚熟读《史记》，尊崇黄帝，赞叹“轩辕，大圣也，其仁若天，其智若神，犹随不顺者从而征之，居无常所，以兵为卫，故能日月所照，风雨所至，莫不率从”。他掌权后，大力推崇儒家文化，开庠序，弘儒教，“广修学官，召郡国学生通一经以上充之，公卿已下子孙并遣受业。其有学为通儒、才堪干事、清修廉直、孝悌力田者，皆旌表之”。

又如前燕奠基人慕容廆，西晋惠帝元康间，认为大棘城（今辽宁义县西北）是“帝颛顼之墟”，乃移居于此，“教以农桑，法制同于上国”。地方战乱，慕容廆起兵“勤王”，“刑政修明，虚怀引纳，流亡士庶多襁负归之”，乃建辽东、冀阳、成周、营丘、唐国诸郡，举用贤才，封辽东郡公。他曾说：“狱者，人命之所悬也，不可以不慎。贤人君子，国家之基也，不可以不敬。稼穑者，国之本也，不可以不急。酒色便佞，乱德之甚也，不可以不戒。”慕容廆还著《家令》数千言以申其旨，坚信慕容氏“积福累仁，子孙当有中原”。当时曾有一些中原士族介怀华、夷族别，不愿为慕容鲜卑政权服务，他苦口婆心地加以劝说，谓“大禹出于西羌，文王生于东夷，但问志略何如耳，岂以殊俗不可降心乎”。这些论断完全不以出身、民族相区别，而以志向、理想和文化论人，与黄帝的德治观息息相通。

◎黄帝脚印石 高明 摄

宋代是中华民族共有精神家园建设的重要历史时期，宋代学者将黄帝描述为制定礼仪、实行德治的领袖。司马光《稽古录》言："黄帝以民生有欲，衣食虽备，苟无礼义。则强凌弱、众暴寡、智欺愚、勇苦怯。于是始制轩冕，垂衣裳。贵有常尊，贱有等威。使上下有序，各安其分，而天下大治。"南宋罗泌《路史》明言黄帝"先之德正，而后之以威刑"。在宋朝人眼里，黄帝完全成为儒家德治之源或仁政天子以及德主刑辅的治国君主了。

宋初的孙复提出，孔子发现的"夫子之道"早有渊源，它"基于伏羲，渐于神农，著于黄帝、尧、舜，章于禹、汤、文、武、周公"。由此，黄帝开始被纳入儒家道统序列。《论语》载，孔子说"作者七人"，究竟有哪七人，后人难定。著名理学家、关学领袖张载则断定，"作者七人"为伏羲、神农、黄帝、尧、舜、禹、汤。他也将黄帝纳入其所构建的古代圣王传授道统。在《西铭》中，张载还提出"乾称父，坤称母"之说，从祭祀家族祖先、祭祀中华民族始祖中抽象凝练出尊崇整个世界的乾坤大父母，期盼人们抱有“民吾同胞，物吾与也”的天下一家情怀。这意味着在正统理学家思想中，黄帝被纳入中华文明史道统，超越了民族始祖的血缘意义，一跃而为中华民族的精神内核和中华文明的精神标识。

2016 年 2 月，陕西省公祭黄帝陵工作委员会面向全球正式发布了黄帝陵标识。这一标识以毛泽东主席委托郭沫若题写的“黄帝陵”和习近平总书记所指出的“黄帝陵是中华文明的精神标识”为视觉主体，以质朴、厚重的黄土色和黑色为主基调，诠释了黄帝陵作为中华文明精神标识在中华民族发展史上的崇高地位与深远影响。

黄帝陵作为中华民族的圣地，令人敬仰、感恩。人们在这里祭祖、瞻仰、尽孝，感受始祖恩德，畅享故园亲情，激发中华儿女血脉相连、手足相亲的深厚情怀。

（原载《中国民族》2021 年第 5 期）

都察院右副都御史
振

◎曲阜孔庙金声玉振坊　孔勇 摄

孔庙、孔林、孔府

一个伟大民族的精神承载

杨朝明（中国孔子研究院院长）

英国作家贡布里希在《写给大家的简明世界史》一书中写道："在孔子学说的影响下，伟大的中华民族比世界上别的民族更加和睦和平地共同生活了几千年。"也许正因为如此，要更好地了解中国，应该从孔子开始；而要更好地了解孔子，可以走进位于山东曲阜市的"三孔"——孔庙、孔林、孔府。

泰山之阳，以曲阜为核心的这个地区是一个独特的精神文化空间。就像孔庙祭祀的存续，乃是由于孔子之道所蕴含的价值理念与行为规范为整个中华民族所共同遵循。"三孔"以及相关的祭祀纪念活动，在传统中国发挥了教育引导、人文教化、价值示范的作用，凝聚了社会共识，促进了中华文化认同，树立了中华民族的精神标识，增强了中华民族共同体意识。

孔庙、孔林、孔府的历史文化承载

走进孔庙，著名的十三碑亭院给人留下深深的印象。十三碑亭位于孔庙大成门前，全部由当时入主中原的少数民族政权所建，其中金代碑亭两座、元代碑亭两座、清代碑亭九座。碑亭上的碑文，多是对孔子追谥加封的昭告、拜庙祭祀的祭文和修建孔庙的记录。碑文用汉文、满文、蒙古文等几种文字书写，真草隶篆，座座不同，无论历史价值还是文学及书法价值，均可称得上文化宝藏。由此可见，孔子早已是中华民族大家庭的共同尊奉。

孔庙、孔林、孔府是 1961 年国务院公布的首批全国重点文物保护单位，也是中国庙堂文化、典籍文化、园林文化、陵墓文化的代表，此乃有形的文化。曲阜的地上地下、大街小巷，弥漫的是中国传统文化的

◎曲阜孔庙十三碑亭 孔勇 摄

万千气象，此乃无形的文化。1982 年，曲阜跻身全国首批历史文化名城。1994 年，孔庙、孔林、孔府又被联合国教科文组织列入《世界遗产名录》。

自上古时期，曲阜的文化底蕴便积淀深厚，中华礼乐文明的奠基人周公便分封在这里。更为重要的是，这里诞生了世界文化名人孔子。在孔子以后的数百年间，此地儒家学者人才辈出，除了元圣周公、至圣孔子，复圣颜子、宗圣曾子、述圣子思、亚圣孟子等先贤大儒也曾生活在这里。经过长期积累，邹鲁旧地逐渐形成大批珍贵的历史文化遗产，拥有了“东方圣城”的美誉。

作为我国历代纪念孔子、推崇儒学的表征，孔庙、孔林、孔府等古迹，展现了古老中国的庙堂文化和诗礼传统，承载了中华民族深沉的精神追求，表达着传统文化蕴含的思想观念、人文精神和道德规范。与此同时，久经历史风雨和时代更迭，“三孔”对于传承发展孔子学说和儒家思想也发挥了极其重要的作用。

孔庙是纪念、祭祀孔子的地方，里面还供奉着 150 多位历代圣贤大儒，他们是配享、从祀的人。孔子的历代直系子孙居住在孔府，不仅具体负责孔庙祭祀，而且在弘扬孔子学说方面也作出了积极贡献。在孔林里，安葬着一代又一代的孔子后裔。其是世界上最大的家族墓地，被称为“天下第一林”。

孔庙始建于公元前 478 年，即孔子去世的第二年。孔子生前，鲁哀公常常向孔子问政。孔子逝世后，哀公十分悲痛，便作了诔词予以祭悼。他还下令将孔子原来居住的三间房屋改为祀庙，收藏其用过的衣冠、琴、车、书等，孔子子孙后学每年按时令祭祀，这就是孔庙的雏形。汉高祖刘邦曾来此祭祀孔子。东汉桓帝时，鲁相韩敕以官钱修饰孔庙，使孔庙具有了官设的性质。唐太宗下令京城和全国皆为孔子立庙，并专令建阙里孔庙（指曲阜孔庙），此处孔庙规格更高、规模更大，被赋予“孔庙表率”和“祭祀孔子中心地”的意义。

在孔庙受祭的，除了大成殿里的孔子和配享的“四配”“十二哲”，还有供奉在两庑里的先贤、先儒。大成殿前庭院东、西两侧，有两排共80间房屋，绿瓦长廊，红柱隔扇，俗称“两庑”。其中配享的大儒，历代都有增添更换，除孔子弟子外都是儒学大师，如董仲舒、韩愈、程颢、王阳明、顾炎武等，属于正统儒学传承的中坚。他们尊孔子为宗师、师表，以六经为经典，以继承道统自居。他们还发展孔子思想，使儒家思想深入人心，渗透到社会的各个层面，影响着一代又一代中国人。两庑中的配享人物，在唐朝仅有20余人，到民国时则多达156人。其早期为画像，金代改为塑像，明成化年间改为牌位，供奉在一座座神龛中。作为尊孔崇儒的标志，孔庙早已成为学人向往的地方。

孔庙是中国的“文庙”。自唐代以来，谁来配享和从祀，都由官方确定。这些人有资格从祀文庙，是他们与孔子存在“学缘”关系而不是“血缘”关系，孔庙祭祀也就不仅是孔氏族人祭祀祖先的“家事”，更是中国人在文化上慎终追远的“国事”。孔庙祭祀的礼仪为释奠礼，在传统中国社会这是“国之要典”，被称为“乾坤第一大事”。孔子弟子后学及孔子后裔对孔子的祭祀，开启了祭祀史上的一大变革。对老师的祭祀，具有“血缘性”与“非血缘性”并行的特征，可以称之为“拟血缘性”。在这一过程中，文化传承与亲情延续的意味同时存在，并行不悖。将师纳入祭祀对象，成为中华文化尊师重教的重要标志。

不难理解，孔庙的从祀历史，就是政统与道统相互结合、有机统一的历史，也是官方意识形态的发展史，还是正统思想文化学说的演变史。孔庙祀典的历史，体现了儒学与社会的结合与发展方向。从儒家道统的角度，只要是对于孔子思想和儒家经典有所发扬、有所维护，“扶纲常、淑人心”，就可纳入孔庙祀典，配享孔子。可见，“孔庙从祀，非寻常事”。孔庙祀典中诸儒的选择和晋升，均要受最高统治者认可与管制。

如果说孔庙显示了孔子思想的深远影响，那么孔府则体现了孔子后裔的身份显赫。孔府本名“衍圣公府”，紧邻孔庙东侧，是孔子嫡氏子

◎曲阜孔庙成化碑 孔勇 摄

孙居住的府第。“衍圣公”是宋仁宗赐给孔子第46代孙孔宗愿的封号。这一封号子孙相继，经历宋、元、明、清各朝，整整承袭了32代。

孔子以后，孔氏家族绵延不绝，持续2000多年，且谱系井然、辈分分明，在世界上也屈指可数。孔子的子孙看管孔子遗物，祭祀孔子，读书讲学，传播孔子思想。孔子后裔的这处住宅，世代相袭，被称作“袭封宅”。明清时期，朝廷更是授予孔府前所未有的特权和财富，其规模也相应扩大。明朝开国皇帝朱元璋提升“衍圣公”为一品官，赏赐大量土地和佃农。孔府不但要管理家族经济，管辖府内事务、宗族事务，而且还要参与曲阜地方政务。

历代王朝不断追封孔子，也对其嫡裔加官晋爵、授予特权，使其世代享受荣华富贵。宋代以前，除了唐玄宗曾一度封孔子嫡裔为“文宣公”之外，孔子嫡裔的爵位一般是侯爵。宋仁宗所封“衍圣公”，寓意孔子嫡裔能世世代代繁衍连续，子孙昌盛，并且继承圣人孔子的思想，以使圣道永承不衰。从此，“衍圣公”封号一直沿用到第77代孙孔德成，历时880年而无变动。

孔林是孔子及其家族的墓地，陵墓周围植树成林，故得其称谓。孔子逝世后，弟子们“各持其方树来种之”。于是，各个地方的特异树种被移植过来，在孔子墓旁扎根、生长、繁殖。这个环植异树、封而不垅的孔子墓，便是孔林之始。孔子以后，随葬的子孙越来越多，林地越来越大，树木也越来越茂密。从弟子们一人一抔土筑成第一座坟墓，到如今占地180多公顷，孔林内坟茔已有10万余座。这样的规制，充分体现了历代王朝对孔子和孔氏家族的尊崇。

中国古代的陵墓文化，强调的是高、大、深、庄。或依山为陵，或累土为陵，密植松柏，以成山势，就是为了体现其“高”；占地广阔，追求规模，是为突出其“大”；在凡人世界和陵墓之间，往往有较长的神道，有的还分主神道、副神道，使人于时间流动中感觉在通向另一个世界，这是为了突出一个“深”字；而那些古树、石人、石兽、华表、供桌、石碑等，都在突出一个“庄”字。这样的建筑设计，无疑对观者内心有着庄严肃穆的心理强化。凡是参观、瞻仰过孔林的人，都会对此有深刻体会。

孔子儒学是中华民族的精神标识

数千年来，基于共同的价值观念和文化心理，中华各民族交融汇聚成了具有特定文化观念和精神追求的有机统一体和命运共同体。与西方民族的地域共同体或者血统共同体不同，中华民族共同体的宝贵之处在于对中华文化的高度认同和归属感。孔子作《春秋》，是以“礼”作为区分“中国”与“夷狄”的标准。符合礼的，夷狄可视为中国；不符合礼的，中国亦可视为夷狄，这就是所谓“诸侯用夷礼则夷之，夷而进于中国则中国之”。中华文明是中华民族产生并得以延续的精神基因，因此历代皆以对中华文明的认同来建构文化共同体。

在中国历史上，文庙祭祀是入主中原的历朝历代政权确立文化正统性的必然选择。特别是一些少数民族政权虽然在军事上战胜了中原王朝，最终却在文化上主动尊奉和融入中原文明。其中最为重要的原因，是少数民族政权可以借此增强、深化整个国家的文化共同体意识，从文化上强化政权合法性。为此，他们都将孔子奉为文化正统的象征，建立文庙进行祭祀。历史上，北魏孝文帝拓跋宏曾在京师修建文庙。亲政后，他又率领百官行幸鲁城，亲祀孔庙。辽代自太祖耶律阿保机时便已识唯孔子乃大圣并为万世所尊，始建文庙以释奠。清代帝王更把“广修庙”作为一项基本国策，文庙数量及文庙祭祀规模都达到极盛。

沿着孔庙神道往里走，历代建筑的庄严肃穆，多姿多彩的营造法式，由明而宋的历史回溯令人们不禁发问：孔庙何以集中如此众多的历史建

◎曲阜孔庙杏坛匾额　孔勇　摄

◎曲阜孔庙杏坛　孔勇　摄

筑？何以这样越建越大？此时，前后左右的匾额、对联以及众多的石碑，都能告诉你答案。

孔子一生的大部分时光都与教育密不可分。他心系天下，关怀苍生，继承上古三代的文化，深刻反思现实，形成了博大精深的思想学说。为了更好地推行自己的主张，他创立私学，有教无类，因材施教，诲人不倦。他弟子三千，身通六艺者七十二人，可谓桃李芬芳，人才济济。

孔子之教属于“大人之学”“成德之教”，追求培养有情怀、有担当的大人，培养能“穷理”“正心”的君子。“自行束脩以上，吾未尝无诲焉。”只要达到一定的年龄，就可以收为学生。孔子主张启发式教学，不仅因材施教，还“不愤不启，不悱不发”。如果不是内心渴望学习，如果不是强烈期望冲破迷雾，不到“心求通而未得，口欲言而未能”之时，教育时机不好，效果就会受影响。孔子的教学，重在“授人以渔”和“授人以欲”，希望学生们有求知的主动性，能够自己找到学习方法，开启智慧之门。

“三孔”石刻众多，在孔庙藏书楼奎文阁四周就簇拥着众多的碑碣。其前方两侧是明代洪武、永乐、成化、弘治年间所立的高大石碑，西侧的碑院墙壁嵌满了历代石刻，其后面两侧的碑林则如树丛一般。奎文阁后面，是名闻遐迩的十三碑亭，南北两行，前八后五，分外壮观。此外，廊庑下、墙壁上、碑亭旁，也分布着大小不同、各式各样的石碑。孔庙及附近有各式碑碣 1000 多座，源自多个朝代，时间前后长达千年。孔庙的诸多碑刻形态差异很大，“巨者逾丈，小者不盈尺”，最大的有五六米高、重达五六十吨，最小的则仅有十几厘米高。从书写看，篆隶行楷，诸体兼备；从文体看，散体骈文，诗赋颂赞，丰富多彩。这些碑碣掩映于古迹苍柏之间，令人目不暇接。其中，最多的是称颂孔子及其学说的内容。

孔庙祭祀的核心，乃申说与宣扬孔子所确立和阐述的价值观。由汉至清，儒学的价值与功用一再受到肯定，成为历代治国理政的思想资源。元代曹元用代祀阙里孔子庙碑记载：“孔子之教，非帝王之政不能及远；帝王之政，非孔子之教不能善俗。教不能及远，无损于道；政不能善俗，必危其国。”既言儒学对国家政权的依赖，更道出社会治理对儒学的需求。明初，朱元璋整顿天下祭祀，洪武碑刻记当时的诏书，认为孔子之道“非有功于一方一时者可比”，因而保留原有封爵，祀典“宜仍其旧”。洪武碑提出，要“永为治之道，必本于礼”，孔子“善明先王之要道，为天下师”。永乐年间维修孔庙，太宗朱棣御制碑文称，士子于孔庙观礼必会受到教化，从而可以致力于圣贤之学，敦本去末，成为可用之材，“佐大明于万年”。也正是因为如此，历代帝王都对孔子儒学尊崇有加，隆礼备至。礼敬孔子，就是礼敬中国文化精神和价值观念。

“三孔”是历代崇德、报本、宣示教化的必至之地；孔子后裔承担着宣传儒学、祭祀孔庙的重任，也受到历代的尊崇。许多的优渥措施都载之石碑，不仅昭示政权对孔子儒学的态度，也督促圣贤后裔祖述家业、尊礼修德。孔子后裔也有“后嗣弗能守，其孰能守之”的自觉，有作为

◎曲阜孔林 孔勇 摄

◎曲阜孔庙大成殿　孔勇 摄

圣裔的文化担当。石碑记载较多的是孔庙祭祀活动。从碑刻看，历史上不乏帝王亲祀或者帝王遣使致祭等高规格的祭祀，更有对祭祀场所阙里孔庙的增修扩建，从而使孔子祭祀延续 2000 多年而不绝。明洪武年间刑部侍郎徐程说："孔子以道设教，天下祀之，非祀其人，祀其教也，祀其道也。"历代祭祀孔子，传达的正是对儒学的肯定与宣扬。

在孔庙碑刻之中，很大一部分是历代官员拜谒孔子的题诗题名留记。儒臣士子对孔子的尊奉崇仰，有利于光阐儒风，上学下达。官吏是执行与传播儒家价值观念与行为准则的中坚力量，从碑刻可见，汉代就有官吏拜谒孔子之举，宋、元以来更蔚然成风。官员们"平昔所读者圣人之书，所行者圣人之道，每思阙里，形诸梦寐"，非常向往能去祭拜孔子。当人们身处孔庙、孔子墓前，"薰香达诚悃，滴酒沥胸臆"，庄严肃穆的气氛就更能升华志向，坚定对孔子之教"代移文不移，宜在弟子职"的担当。坚固的石碑铭刻下了他们的信仰，他们身体力行地将信仰践行于治国理政中，上传下达、垂范社会，光阐儒风、移风易俗，成为孔子儒

◎曲阜孔庙公祭孔子大典 孔勇 摄

学风化在社会中的践行者。

孔子儒学对我国的少数民族政权同样重要。历代少数民族政权都非常重视孔子之道，孔庙十三碑亭区域内的御碑记载了其帝王对孔子追谥加封、谒庙亲祭、派官致祭及修葺孔庙等事件。例如，1307 年碑文记载，元武宗封孔子为“大成至圣文宣王”。从碑文看，这些少数民族当权者看到了孔子儒学超越时空、超越民族的思想价值，他们对孔子的尊崇并不亚于中原王朝。儒学成为他们的坚定选择，充分说明孔子思想有利于统一多民族国家的巩固和发展。

“三孔”是我国历代文人的精神家园，是了解中华文化和中国历史的教科书。漫步孔庙，或者走进孔府、孔林，行走在一座座石碑前，就好像回到了千百年前的时光里。那些历史上的重要人物都不约而同地出现在这里，让人遐思，令人回味。

孔子创立的儒家学说以及在此基础上发展起来的儒家思想，对中华文明产生了深刻影响，是中华优秀传统文化的重要组成部分，反映了中华民族的精神追求。其对中华文明形成并延续发展几千年而未中断，对形成和维护我国各民族团结统一的政治局面，对形成和巩固中华民族多元一体的格局，对形成和丰富中华民族精神，对激励中华儿女维护国家统一、反抗外来侵略，对推动社会发展进步，都发挥了极其重要的作用。

孔子儒学是新时代重要的文化滋养

古语“半部《论语》治天下”，从一个侧面说明了孔子儒学的重要作用。孔子思想博大精深，其以“仁”为核心的哲学价值观、崇尚“德治”的政治伦理学说、“有教无类”的平民教育观等，都在《论语》等著作中得到充分体现。

孔子生活的时代是一个社会大动荡、思想大碰撞、文化大交汇的时代。这样的社会和文化氛围，使他有更多的机会吸取历史的营养，有更大的空间发展自己的思想。孔子一生勤奋好学，认真学习和总结历史文化遗产，结合自己的观察和认识，对当时的社会现实进行深入思考，从而提出了个人的思想见解和社会理想。他出仕为政、周游列国，培养人才、传播文化；他创立儒家学派，影响中国数千年，也影响了世界很多地区。

孔子告诉人们，在现实生活中要本着互惠互让、人皆兄弟的精神，做一个有道德的人，要温和适度，行中庸之道。实际上，这是儒家文化的精髓，也是中国传统文化的重要内容。孔子是富有智慧的人，也是富有仁爱之心的人，希望自己所创立的修养自身、安定社会的儒家学说能够被社会认可，希望建立一个理想的大同社会。他的一生都在为此不停地努力，这本身就是崇尚文明、奋发进取精神的充分体现。

孔子思想是入世的，他讲和谐、讲和顺，关注世道人心。其实，孔庙的建立与祭祀也与社会息息相关。历史上，各府、州、县都曾设孔庙，如今随着孔子儒学影响的扩大，朝鲜、日本、越南、印度尼西亚、马来西亚、新加坡、美国等国家也都有数量不等的孔庙。目前，世界上分布着 2000 多座孔庙，我国有 1600 多座，其中保存较好的有 300 余座。

读懂孔庙，就能读懂中国历史。古代中国重视祭祀，有所谓“礼有五经，莫重于祭”的说法，把祭祀看成“国之大事”“国之大节”，主张“以祀礼教敬”。孔庙祭祀彰显的是对于孔子儒学世界观、价值观、道德观、审美观的认同。

孔子及其配享者皆是历史中真实存在的人物。孔子阐述了中国人的价值观念，确立了中华民族的文化立足点。历代从祀孔子的人则“宗师仲尼”，传达和弘扬孔子的学说，给中国带来了几千年的和谐与发展。孔庙是传统中国的“名人堂”“先贤祠”，是知识分子的精神家园，是士

◎曲阜孔府

人最重要的“道场”。这里集中展示了中国传统思想之精粹，是弘扬传统道德与价值的重要载体。其黄瓦重檐、雕梁画栋寓意深远，富有特定内涵。礼敬孔庙，就是尊重中国传统的价值观与道德观。

孔子的“为政以德”“政者正也”“为国以礼”“修己安人”和“孝悌”“慎独”“中和”等思想，于当下仍有十分重要的现实意义。孔子思想就是要把人培养成为有爱心、有情怀、有担当、爱学习、求上进的君子，特别强调修身、齐家、治国、平天下，注重自我修养和道德实践。其对个人道德修养，尤其对是非观、价值观培育具有重要意义。

以孔子为主要代表人物的儒家思想是中国传统文化的重要组成部分，承载了中华民族自古以来在建设家园的奋斗中开展的精神活动、进行的理性思维、创造的文化成果，反映了中华民族的精神追求，是中华民族生生不息、发展壮大的重要滋养。孔子深刻思索人性和人的价值，希望人们明理修身、循道而行，推延亲情、放大善性，与社会主义核心价值观一脉相承。

文化认同是建设中华民族共有精神家园的基础，对铸牢中华民族共同体意识具有长远而根本的作用。

英国著名汉学家马丁·雅克在《了解中国崛起》的讲演中认为，纵观世界史会发现，西方曾经也产生了很多强大的帝国，深刻影响了世界历史，如罗马帝国、亚历山大帝国、拜占庭帝国、阿拉伯帝国以及奥斯曼帝国等。但是，这些帝国在衰弱后基本上都灰飞烟灭了。与之形成鲜明对比的是，古代中国衰弱后会不断重新崛起和复兴，这在世界范围内是独一无二的。

在马丁·雅克看来，之所以西方帝国衰败后就再难崛起而中国总是能不断复兴，是因为中国本身就是一种文明。从某种意义上说，中国的确是一个文明的存在，就像“中国”二字最初出现的时候本身就是一个文化概念一样。

孔子思想和儒家学说深深影响了中国，铺染了华夏子孙的生命底色，沉淀为中华民族的精神基因，构成了中华民族独特的精神标识，是我们“最突出的文化优势”“最深厚的文化软实力”。孔子是世界公认的与苏格拉底、柏拉图、释迦牟尼等齐名的伟人思想家。美国学者亨廷顿把孔子所创立的儒家文明，作为与基督教文明、伊斯兰文明等相对应的基本人类文明。世界著名哲学家、神学家孔汉思则在起草《走向全球伦理宣言》时说：“全球伦理最基本的两个伦理框架，是中国传统文化中最基本的两点：一个是人道，即孔子说的‘仁’；第二个是孔子在人文规则历史中设立的第一个黄金法则，即‘己所不欲，勿施于人’。”

孔子思想中的“自强不息”“家国同构”“以天下为己任”的情怀，哺育了一代又一代中华儿女。当今中国是历史中国的延续，孔子思想是新时代中国特色社会主义丰厚的文化土壤。孔子提出的“大道之行，天下为公”，一直是中华民族的理想与精神追求。在党的十九大报告中，习近平总书记引用这句话并指出，“站立在九百六十多万平方公里的广袤土地上，吸吮着五千多年中华民族漫长奋斗积累的文化养分，拥有十三亿多中国人民聚合的磅礴之力，我们走中国特色社会主义道路，具有无比广阔的时代舞台，具有无比深厚的历史底蕴，具有无比强大的前进定力”。

儒家讲求“角色伦理”，也就是人各正其名，各尽其分。孔子的思想影响深刻深远。唐代有人说“心苟至公，人将大同”。明末思想家认为“天下非一家之私”，“天下”为人民所共有，提出了“公天下”主张。人们还把这一道德理想凝聚成为“天下兴亡，匹夫有责”的个人道德追求。孙中山先生希望实现的“真正的三民主义”，就是孔子所希望之“大同世界”。

中国先民认知世界，以天地为师，着眼古往今来，关注四方上下。“往古来今谓之宙，四方上下谓之宇”，在中华文化早期典籍中，“天下”“万方”“四海”的概念源于中华文明的天下观、世界观、整体观、系统论。在与世界的互动中，人们深刻理解“天道成而必变”“道弥益而身弥损”

的道理，从而强调人际之间、邦国之间的相互依存、休戚与共、合作共赢。

中国人的世界观由中华文明的内在精神与特质所决定。20 世纪 80 年代，联合国教科文组织总干事代表泰勒博士说："如果思索孔子对当今世界的意义，人们很快就会发现，一个昌盛、成功的社会在很大程度上仍然立足于孔子所确立和阐述的很多价值观念……这些都是超越国界和时代的，它属于中国也属于世界，属于过去并照耀着今天和未来。"

儒家思想包含了"天地之美""万物之理"，所以庄子称"内圣外王之道"是"道术"而不是"方术"。中华文化追求"王道行天下"，王道政治是中国儒家的理想政治。孔子谈"王天下之言"，孟子言"王""霸"之别。霸道，依靠兵甲之力，使人被动屈从；王道，以德行仁，使人心悦诚服。这就是中华文化的格局与气象。

西方思想家说"知识就是力量"，中国则注重追求力量先确定方向。《中庸》说："道前定则不穷。"思维标识价值取向，决定行动走向，中华文化将荣誉与责任看得更高，兼顾多方利益，认为道并行而不相害，信奉"创造、分享、助给"，创造在自己，分享给他人，助给予弱者，由"天地位"而"万物育"，由和谐稳定而发展。

中华民族有着源远流长的优秀传统文化，也一定能创造中华文化新的辉煌。在中华民族大家庭里，各民族像石榴籽一样紧紧抱在一起，不断铸牢中华民族共同体意识。这彰显着新时代中国的文化自信，中国也正在把这样的伟大智慧分享给全人类。

（原载《中国民族》2021 年第 6 期）

◎位于河北滦平县境内的金山岭长城　赵琛 摄

长城

凝聚中华民族的奋斗精神和爱国情怀

赵琛（东北大学教授）

2019年8月，正在甘肃考察的习近平总书记来到嘉峪关关城，察看关隘、建筑布局和山川形势，听取长城文物遗产保护和历史文化传承弘扬情况介绍。总书记指出："当今世界，人们提起中国，就会想起万里长城；提起中华文明，也会想起万里长城。长城凝聚了中华民族自强不息的奋斗精神和众志成城、坚韧不屈的爱国情怀。长城、长江、黄河等都是中华民族的重要象征，是中华民族精神的重要标志。我们一定要重视历史文化保护传承，保护好中华民族精神生生不息的根脉。"

习近平总书记的重要讲话，为我们做好长城保护和研究工作提供了根本遵循。作为中华文化的核心组成部分，长城文化也是文化强国和文化自信的重要内容。在当今世界百年未有之大变局背景下，长城保护和研究要服务于国家的发展战略，不断赋予长城文化新的时代内涵。

长城维护了中华民族的繁衍生息和发展壮大

秦统一中国后废弃魏长城、赵南长城、楚长城和齐长城，并在战国时期秦、赵、燕三国长城基础上，于短短 15 年间连接了赵北长城、燕长城。从此，中国第一次有了“万里长城”的概念。汉朝建立后，弃用原秦长城部分，在燕赵长城基础上继续向西，把秦万里长城的燕国、赵国部分连接起来，又经敦煌、阳关、玉门关直至西域修筑汉长城。1000 多年后的明万里长城，则又被称为“边墙”。它东起鸭绿江畔、西至居庸关，以北齐、北魏、秦、汉、隋时期的长城为基础，另外还修建了祁连山东麓至嘉峪关部分。

某种程度上说，长城就是一种国家治理秩序，使各民族民众可以在其关口里自由交易、在其内外两侧生产生活，而不是通过战争相互掠夺。长城的修建，对中华民族的繁衍生息，对中华文明的发展有着重要作用，它见证和推动了中华民族多元一体格局的形成、发展。

长城是民族迁徙交往、彼此融合的见证。2000 多年来，我国各民族的大迁徙、大融合从未中断过。汉武帝时期，随着疆域的扩大，为加

◎位于河北滦平县境内的金山岭长城 赵琛 摄

强对边疆的治理，多次移民兴边，最多时从中原迁徙70多万人口到边疆地区。明朝也多次从江南移民来守卫长城。最初，守城者只在长城以内的土地上耕种。慢慢地，长城两边的各族百姓往来和通婚越来越普遍，逐步形成了“长城内外皆故乡”的局面。以辽宁段长城为例，明朝戚继光率3000名浙江义乌兵戍守长城，然后建村、建城，许多碉楼都是用家族姓氏命名的，有张家楼、李家楼等。明朝以后，与长城有关的大规模迁徙现象还有走西口、闯关东，由此还在东北产生了一个新的名词——关里家。到清代，康熙皇帝允许前朝守城将士、军户迁到长城以外定居。可以说，长城从某种角度上呈现了一种血缘关系——民族大融合的成效。

◎宁夏墩圈墩烽燧 赵琛 摄

◎位于辽宁鸭绿江畔的虎山长城 赵琛 摄

长城是民族脊梁

我们辽阔的疆域是各民族共同开拓的，我们悠久的历史是各民族共同书写的，我们灿烂的文化是各民族共同创造的，我们伟大的精神是各民族共同培育的。长城，也堪称这些“共同”的见证者和参与者。

作为人类有史以来历时最久远、规模最庞大的建筑体系，作为我国现存体量最大、分布最广的世界文化遗产，长城以其上下2000多年、纵横上万里的跨度，铸就了博大精深的文化内涵和跨越时空的精神价值。虽然曾经有刀光剑影、烽火连天的峥嵘岁月，但中原农耕文化与草原游牧文化、山地渔猎文化在长城南北的相互激荡、交流交融始终是主流。

长城体现了中华民族保卫疆土、热爱和平的不懈追求。漫长岁月里，很多民族都曾修筑过长城，辽、金、元、清的各个少数民族政权入主中原时期，各民族共修长城、共护长城，都为巩固和发展统一多民族国家做出了贡献。

北魏（386—534 年）是鲜卑人建立的政权，曾大规模修筑长城，长约 2000 余里。北齐（550—577 年）也是鲜卑人建立的政权，共 6 次修建长城，合计 5000 余里，如今山海关、黄崖关、山西吕梁等处均有其遗迹。隋朝（581—618 年）共 5 次修长城，“东至黄河，西距绥州，南至勃出岭，绵亘七百里”。到了北宋（960—1127 年），中国历史处于宋、辽、西夏、金的割据时代，宋王朝不再修筑土石长城，转而自保定以北至海河口一线连接水网，修建了一条其深度既无法行船又无法徒涉的“水长城”，并在沿线筑起一批城堡。金朝（1115—1234 年）是由女真人建立的统治中国北方和东北地区的王朝，其修建的金长城（也称“金界壕”），长 5500 余公里。由此，少数民族政权修建的长城已达上万公里。清朝

◎天下雄关——嘉峪关 赵琛 摄

（1644—1911 年）沿用历朝长城，康熙帝曾有过“不修边墙”令，但实际上，清朝在明长城的基础上，拆掉辽宁境内的长城，在新疆则沿用汉、唐军事设施，此外还新建了颇具规模、地域跨度较大的长城，其范围包括丝绸之路新疆沿线、淮河以北所有省份，尤以黄河之北最为密集。

回顾修筑长城的漫长历史，可以清楚地看到，长城是中华各民族共同创造的产物，堪称“兄弟之间的院墙”。

2019 年 12 月，中共中央办公厅、国务院办公厅印发《长城、大运河、长征国家文化公园建设方案》，明确了“长城国家文化公园，包括战国、秦、汉长城，北魏、北齐、隋、唐、五代、宋、西夏、辽具备长城特征的防御体系，金界壕，明长城。其中涉及北京、天津、河北、山西、内蒙古、辽宁、吉林、黑龙江、山东、河南、陕西、甘肃、青海、宁夏、新疆 15 个省区市”。

这个方案明确将各兄弟民族所修建的具有长城特征的防御体系都归纳到长城概念中，极大地丰富了长城的内涵和外延，对于传承和发展长城文化具有重大意义。

其实，对长城的概念应该予以系统认识。历朝历代都在修建和沿用长城，它属于层累性的历史建筑，是一个不可分割的整体。我们以前只认为长墙是长城，而忽略了成串成串的戍堡和烽燧也属于长城体系。只要烽燧、驿站水源未干，历代中央政府就反复新建、扩建和使用长城。比如世界文化遗产——新疆克孜尔尕哈烽燧，它单独是无法预警的，必须与其周边烽燧共同配合才能起到预警作用。因此，长城作为一个带状性的建筑，从时空上都不宜采用单体评价。我国境内的、历朝历代的长城资源，应该全部属于世界文化遗产。

只有将长城看作一个层累性建设而且是持续使用的整体，才能更深刻地理解万里长城对于中华民族的价值和重大意义。

玛什[illegible]烽燧 赵琛 摄

◎新疆克孜尔尕哈烽燧 赵琛 摄

中华民族共同体意识与长城文化

铸牢中华民族共同体意识，迫切需要进一步深刻认识长城文化。正是在长期不断修筑的过程中，万里长城逐渐成为中华民族多元一体和中国大一统的象征。

长城能够增进文化认同、汇聚民族力量，形成各民族同呼吸、共命运、心连心的强大精神纽带。2000多年来，维护和发展统一的多民族国家，始终是中华民族高于一切的政治理想、精神寄托和道德情感，始终是中国社会历史发展的主流。长城南北的文化信仰相互交融，各民族之间的和合始终是大势。守长城供关公、攻长城供孟姜女，早已形成根深蒂固的民俗。长城关口内信奉儒释道三教，关帝庙宣扬忠义，孔庙、魁星楼和文昌阁宣化国家秩序，整体上都倡导友好和平；长城关口外也修孟姜女庙，意欲打破藩篱……这些事实，都体现着各民族对中华民族、中华文化的高度认同。

长城文化是一种外在物化现象，又是一种社会历史现象，更是由中华民族长期创造形成的特有的精神遗产。从物质到精神，长城文化凝结于建筑之内又游离于建筑之外，传承和弘扬于中华民族的价值观念、生活方式、行为规范、艺术作品和科学技术之中。从1935年聂耳《义勇军进行曲》中的“筑成我们新的长城”和毛泽东《清平乐·六盘山》中的“不到长城非好汉”，到1984年邓小平、习仲勋同志号召“爱我中华、修我长城”，再到如今建设长城国家文化公园，长城文化已然成为中国人民高扬的精神旗帜。

长城，凝结着我国历代各族人民的心血和智慧，积淀着中华文明博大精深的内涵。作为中华民族自强不息、众志成城的象征，长城承载着中华民族太多的文化记忆与道德情感。在中国的版图上，长城贯穿东西万里，将其作为国家文化公园，得以揭示出中华民族和中华文明形成的

◎位于辽宁鸭绿江畔的虎山长城 赵琛 摄

源流。而长城文化的核心——自觉、自信、自立、自强，更是当今提升我们文化自信不可或缺的重要力量。

人类命运共同体背景下的丝路长城

作为人类历史上宏伟壮丽的建筑奇迹和无与伦比的文化景观，作为中华民族精神生生不息的根脉，万里长城在促进中华民族多元一体格局的形成、发展，以及在推动世界文明进程中都发挥了无可替代的重要作用。迈步全面建设社会主义现代化国家的新征程，我们更要用国际视野，从人类发展的高度重新审视长城。

长城文化与人类命运共同体理念最契合的，无疑是丝路长城。在我国众多长城资源中，尤其能体现长城开放包容、合作共赢精神的也是丝路长城。长城和丝绸之路两个世界级文化遗产，纵贯东西、连通古今，给人以无限的启迪。

丝路长城是保障丝绸之路安全畅通、维护世界和平及交往交流的设施。它犹如中华文明张开的臂膀,大气磅礴地拥抱着世界。2000 多年来，丝路长城反复修建的目的就在于此。从甘肃兰州到新疆乌恰的丝路南线走向与长城高度重合，长达 3000 多公里，足见陆上丝路对于长城的依赖。汉长城则从甘肃肩水金关、玉门关、阳关，分别往西向新疆继续延伸。20 世纪 90 年代末，国内考古界普遍认为别迭里烽燧是长城最西端。近年来，中国长城研究院先后六次考察新疆。其中，第五次考察时在阿合奇县、乌恰县又发现了第三次文物普查时没有发现的长城资源，烽燧哨所遗址至今仍清晰可见。

在丝路长城的护佑下，各民族文化乃至中西方文明得以交融，丝绸之路成为中华文明连接世界文明的纽带，丝路长城沿线也随之成为文化交汇的“高热度”地区。自张骞凿空西域，西汉“列四郡，据两关”，中华文明由此远播欧亚，多元文化在此和谐共生。可以说，长城在丝绸之路开辟了中西方经济文化交流的坦途。敦煌莫高窟、云冈石窟都有长城的影子，这是中华民族努力构建人类命运共同体的历史见证。

进入新时代，我们要更好地传承和弘扬长城所体现的自强不息的奋斗精神和众志成城、坚韧不屈的爱国情怀，促进各民族像石榴籽一样紧紧抱在一起，构筑中华民族共有精神家园，为实现中华民族伟大复兴的中国梦凝聚起磅礴力量，在伙伴关系、安全格局、经济发展和文明交流互鉴方面继续为世界贡献“中国智慧”和“中国方案”。

万里长城永不倒！

（原载《中国民族》2021 年第 6 期）

◎甘肃唐玉门关遗址 赵琛 摄

布达拉宫

“世界屋脊”上的国宝

车明怀（西藏自治区社会科学院原党委书记、副院长）

雄伟壮观的布达拉宫，矗立于祖国西南边疆的西藏拉萨。作为中华文化的重要代表，布达拉宫历经沧桑，在政治、文化和宗教等多方面集中体现了西藏地方与中央政府的关系，见证了我国各民族在青藏高原交往交流交融的非凡历史，堪称国宝级的活态博物馆。

布达拉宫的历史变迁

布达拉宫初建于吐蕃政权上升时期的公元 7 世纪。当时，中华民族的发展格局已从秦汉统一后上升到新的水平，唐朝不仅拥有辽阔的疆域和完备的国家治理制度，而且以其包容的气度，将鲜卑、突厥、回纥、吐蕃、吐谷浑、靺鞨、室韦等诸多民族凝聚在一起，巩固、发展了中华民族共同体和统一多民族国家。正是在这样的背景下，布达拉宫应运

◎布达拉宫之文成公主进藏壁画图 西藏博物馆提供

而生。

7 世纪初，勃兴于雅砻河谷的吐蕃政权统一西藏主要地区，完成由氏族部落向奴隶制的过渡。作为地方政权——吐蕃政权的统治者，松赞干布表现出积极主动与周边各民族交往交流、良性互动的强烈意愿，特别是着意于向大唐学习、向中原地区靠近。唐朝在进一步加强对西域管辖的同时，也着力推进与吐蕃的交流往来。

634 年，松赞干布派人前往长安，受到唐太宗欢迎。此后，松赞干布得知唐弘化公主嫁于吐谷浑王为妻，便再次派大臣赴长安求婚。641 年，唐太宗允松赞干布娶宗室女文成公主。为此，松赞干布亲率部众千里跋涉至柏海（今青海玛多一带）迎接文成公主。回到拉萨后，他还专为文成公主筑一城，即在红山之上修建的布达拉宫。当时的红山内外围城三重，松赞干布和文成公主的宫殿之间由一道银铜合制的桥连通。

在随后的岁月里，布达拉宫的建筑大部分毁于战乱，加上雷击等自然灾害，其规模日渐缩小。及至宋代，吐蕃分裂为互不统属的地方割据政权，布达拉宫仅存建筑也为大昭寺所并。元、明时期，由于萨迦、帕竹、仁蚌等地方政权的政治中心不在拉萨，布达拉宫先后被各派势力占据。至清初，吐蕃时期建造的布达拉宫只剩法王修行洞和圣观音殿两处。

1645 年，在蒙古和硕特汗王固始汗的帮助下，五世达赖重建布达拉宫，先后建造白宫及宫墙、城门、角楼等，还将甘丹颇章政权机构由哲蚌寺迁来。同期，固始汗曾派出蒙古兵丁帮助运送建筑材料并维护建设工程的安全。五世达赖赴京觐见顺治皇帝，进一步强化了西藏地方与中央政府的联系。时隔 40 多年后，西藏地方政府为五世达赖修建灵塔，又扩建了规模宏大的红宫。这项工程有 1700 多名各族工匠参与，既体

◎松赞干布与文成公主和赤尊公主塑像 西藏博物馆提供

现了藏族建筑技艺的智慧，也呈现出各民族群众共同协作的诸多成果。康熙皇帝对该工程十分关心，派来汉、满等民族的114名技艺精湛的工匠，和硕特汗王也给予了力所能及的帮助。1693年，扩建工程竣工，布达拉宫更具规模。此后，历世达赖相继增建了5个金顶和一些附属建筑。值得一提的是，清朝历代皇帝都为布达拉宫修复扩建工程提供过支持，拨付银两，赐予珠宝、贵重器皿等。特别是乾隆皇帝在反击廓尔喀入侵西藏期间，多次派大将军福康安等前往拉萨，与八世达赖会商并资助修葺布达拉宫。

20世纪30年代，在十三世达赖灵塔修建期间，国民政府专使黄慕松代表政府予以支持。事实上，红宫内所建历代达赖喇嘛的灵塔，从五世到十三世都得到了历朝中央政府的资助，各族信众也予以供奉。1940年，赴西藏主持十四世达赖坐床典礼的国民政府专使吴忠信同样为布达拉宫提供了资助。

西藏和平解放后，特别是民主改革和西藏自治区成立以来，布达拉宫迎来了新生。中央人民政府高度重视这一古建筑的保护与维修，自治区政府成立专门的文物保护管理机构，对包括布达拉宫在内的文物进行管护。1961年，布达拉宫被确定为第一批全国重点文物保护单位，国家每年拨专款维护。“文化大革命”期间，周恩来总理还曾特别指示，西藏军区要保护好布达拉宫等重要文物。

改革开放以来，党和国家对包括布达拉宫在内的西藏文物不断加大保护力度。一些党和国家领导人亲临布达拉宫考察。邓小平同志虽未能亲临西藏，但在深圳视察时曾到“锦绣中华”微缩景点布达拉宫前拍照留念。1989年至1994年，国家划拨5500万元资金及大量黄金、白银等贵重物资，用于布达拉宫一期文物保护维修工程。1994年，布达拉宫被联合国教科文组织列入《世界遗产名录》。2001年，国家投入1.2亿元进行布达拉宫二期文物保护维修工程。“十五”至今，西藏自治区政府每年都会安排资金维修布达拉宫。

党的十八大以来，以习近平同志为核心的党中央一如既往地关心、支持布达拉宫等西藏文物保护。2015 年 8 月，自治区人民代表大会表决通过《西藏自治区布达拉宫文化遗产保护管理条例》。2018 年 3 月 20 日、2019 年 9 月 27 日，习近平总书记先后两次在重要讲话中对布达拉宫和万里长城等中华民族灿烂历史文化的重要标识予以特别强调，进一步提升了布达拉宫作为中华文化符号的崇高地位。

珍贵文物蕴含着各民族交往交流交融的深厚内涵

布达拉宫收藏、保存了许多反映西藏政教活动和各民族民间活动的文物，包括壁画、实物、建筑、碑刻等。这些内涵丰富的珍宝，承载着各民族交往交流交融的厚重历史。

早期唐蕃交流的历史画卷。布达拉宫最古老的建筑遗存——法王修行洞里供奉的松赞干布、文成公主等塑像，是吐蕃时期代表性作品。文成公主出嫁吐蕃，乃唐蕃历史上的大事，新旧《唐书》和藏文史书均有详细记载。当时，随同文成公主进藏的工匠达 600 多人。他们不仅带来了儒、医、农、工典籍和种子、器物等，还引进了中原先进的建筑、工艺、种植等技术。来到吐蕃后，文成公主与松赞干布相濡以沫，协力推动唐蕃亲谊和西藏地区的发展，呈现出唐蕃“社稷如一”“和同一家”的大好局面。为记录这一历史盛事，布达拉宫正门门廊东壁绘有唐朝都城长安示意图和唐皇接见吐蕃婚使的壁画故事，北墙则绘有文成公主一行从长安出发艰难跋涉抵达拉萨的场景。

710 年，豆蔻年华的金城公主入嫁吐蕃，此后一直致力于唐蕃友好。在布达拉宫白宫的东大殿，有一组壁画讲述了当年金城公主与吐蕃赞普——赤德祖赞长子姜擦拉温的故事。尽管姜擦拉温意外坠马身亡，但

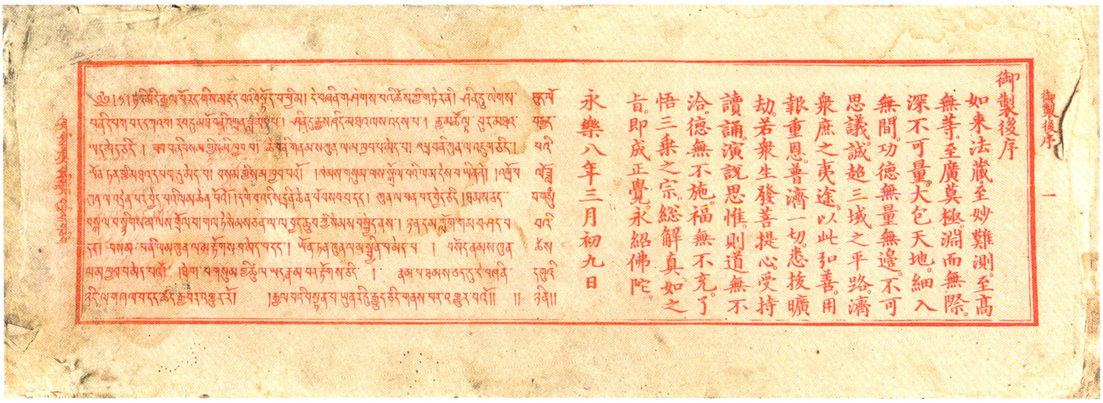
御製後序

如來法藏至妙難測至高無等至廣莫極淵而無際深不可量大包天地細入無間功德無量無邊不可思議誠超三域之平路濟衆庶之夷途以此知善用報重恩普濟一切悲拔曠劫若衆生發菩提心受持讀誦演說思惟則道無不洽德無不施福無不充了悟三乘之宗總解真如之旨即成正覺永紹佛陀

永樂八年三月初九日

◎明《甘珠尔大藏经》之御制后序
西藏博物馆提供

金城公主还是义无反顾地来到吐蕃，依当地风俗嫁给赤德祖赞并生下赤松德赞，成为受人尊敬的赞蒙。这则故事也许有传说附会的成分，但从侧面体现出西藏人民对金城公主的爱戴。反映此事迹的壁画在布达拉宫享有很高地位，这与金城公主对西藏发展的贡献是分不开的。

金城公主专门写信请唐王朝派专人送来《诗经》《春秋》《礼记》等典籍，并将文成公主带到吐蕃的释迦牟尼铜像重新迎供于大昭寺。她还把中原的祭祀仪式引入吐蕃，所倡导的“谒佛之供”在青藏高原延续至今。

中央政府对西藏地方有效管理的诸多物证。清朝，布达拉宫成为西藏地方政府的政治活动中心，中央政府向西藏地方颁布的诏令、圣旨、金册、金印、御批及御赐的宝物等在这里都有丰富的珍藏。

布达拉宫殊胜三界殿中，最能体现西藏地方与中央政府关系的是供奉康熙皇帝的“长生禄位”，牌位上依次用藏、汉、满、蒙古等文字书写的鎏金大字“当今皇帝万岁万万岁”寓意深刻。1652 年，清政府邀请五世达赖阿旺洛桑嘉措进京，册封其为“西天大善自在佛所领天下释教普通瓦赤喇怛喇达赖喇嘛”，并颁赐金册、金印。自此以后，历世达赖均须经中央政府册封。五世达赖将皇帝敕封的名号和权利立为遗嘱，书于布达拉宫东侧德央厦平台的墙壁上，并按有双手掌印，以示永世不忘

◎纸本《魔女仰卧图》 西藏博物馆提供

朝廷恩典。

1720年，康熙皇帝将一块金字寿牌颁予七世达赖，后者将其供于布达拉宫顶层的殊胜三界殿中。后来，清政府赐予的乾隆皇帝画像也被悬挂于金字寿牌上方。每年藏历正月初一，达赖都要率众僧俗官员向寿牌和画像叩拜。同时，驻藏大臣也要在皇帝画像前完成相关政务活动，这种礼仪后来成为西藏地方政府的定制。

在布达拉宫寂圆满大殿中央，高悬着1760年清乾隆皇帝御赐“涌莲初地”匾额，东边的壁画则描绘了当年五世达赖赴京觐见顺治皇帝的情景。殿内保存有康熙皇帝所赐大型锦绣幔帐一对，为稀世珍品。这对幔帐在五世达赖坐床和亲政大典时，悬于大殿显要处。据传，康熙皇帝专门建设厂房，众多绣工费时一年才织成这对幔帐，并派专使赐予五世达赖。在五世达赖宝座的上方，悬挂着同治皇帝御赐“振锡绥疆”匾额。“锡”指僧人使用的锡杖，意为“希望西藏地方政权能够振作精气、安定边疆”。很显然，这是朝廷在经历第二次鸦片战争之后对边疆地方政权寄予的厚望，与清初顺治皇帝赐封蒙古和硕特汗王固始汗时所强调的“作朕屏辅，辑乃封圻”有同义所指。殿堂三楼的壁画还绘有十三世达赖1908年赴京觐见慈禧太后和光绪皇帝的场景，体现了清政府与西藏地方的紧密关系。

1727年，清政府正式设驻藏大臣衙门。驻藏大臣不仅直接掌管西藏政务，还监督西藏宗教重大活动，达赖和班禅的认定、册封、坐床要经其上报皇帝批准。曾经一个时期，对活佛转世灵童的认定依然听任拉穆吹忠（即神巫）降神操控。在各种势力控制下，拉穆吹忠往往假传神谕，指定的活佛转世灵童多出自大贵族之家，甚至多个大活佛都出自同一家族，遂使西藏地方治理一度出现低效和混乱。在发现应对廓尔喀入侵中暴露出的种种弊端后，乾隆皇帝决心整顿包括活佛转世等在内的一系列治理制度。于是，1792年正式颁布实施《钦定藏内善后章程》，章程共29条，对西藏的外事、军事、行政和司法等方面做出详细规定。此后，《钦

◎清 康熙皇帝赐长生牌位 西藏博物馆提供

定藏内善后章程》成为清朝治理西藏的重要依据，并确立金瓶掣签制度，将活佛转世正式纳入国家特定的管理法典之中，由中央政府掌握转世灵童继位的批准权。

金瓶掣签制度的建立，充分体现了中央政府对达赖、班禅认定、册封、坐床等不容置疑的权威性。以道光皇帝为十一世达赖转世灵童所颁诏书为例：“朕统驭天下，惟期率土之民，各享安居之福，推兴政教……与驻藏大臣一同于布达拉宫供奉之高宗纯皇帝圣像前叩拜，由金奔巴瓶内掣出尔名等情……”在布达拉宫举行“金瓶掣签”仪式，须经皇帝批准后由驻藏大臣会商大活佛及摄政方可具体执行。

铭文碑刻生动记录各民族共御外敌的峥嵘历史。在布达拉宫的正面，左右矗立着两座经历了200多年风雨的高大石碑，碑文镌刻着康熙皇帝派清军驱逐准噶尔扰藏、乾隆皇帝出兵反击廓尔喀入侵西藏的功绩。前者即前藏布达拉山前第一碑——“圣祖仁皇帝御制平定西藏碑”，后者即前藏布达拉山前第二碑——“御制十全记碑”。这两座碑刻是布达拉宫极其珍贵的文物。

清政府反击廓尔喀入侵的战争前后持续一年半，直接动用官兵达13000多名，包括汉、蒙古、回、藏、彝、满、纳西、达斡尔、羌、鄂温克、鄂伦春等多个民族，彰显了各族人民捍卫祖国领土完整、维护边疆安定的坚定意志和巨大贡献。对此，乾隆皇帝感慨万千，亲撰《御制十全记》

◎夜幕下的布达拉宫 李召麒 摄

并勒碑立于布达拉宫前。

反映各民族交往交流交融成果的艺术珍宝。作为凝结着各族人民心血和智慧的古建筑群，布达拉宫既体现了藏式传统建筑风格，也吸收了中原建筑的梁架、斗拱、金顶、藻井等技艺和特色。宫内的壁画在集中反映唐蕃使臣往来、迎娶唐朝公主、元明清历朝皇帝接见西藏地方人士和王公贵族活动、活佛转世等重大事件的同时，也大量记录了各民族民间往来互动的场景。其主要包括历史事件、人物传记、宗教仪式、风土人情、民间传说和神话故事，以及喀尔喀和厄鲁特蒙古等部族、川青甘滇地区民众进藏熬茶和拜佛的活动。

在布达拉宫，反映各民族文化深入交流的文物非常丰富，其中两处尤为典型：一为殊胜三界殿内珍藏的北京版《甘珠尔大藏经》，乃是西藏与其他地区之间文化交流互动的代表性作品；二是西日光殿内那幅色彩绚丽、形态逼真的“八仙过海”挂毯，这表明源于中原道教神话“八仙过海，各显其能”的故事同样在西藏民间广泛流传。

深入挖掘布达拉宫珍贵文物的时代价值

习近平总书记在中央第七次西藏工作座谈会上指出：“要挖掘、整理、宣传西藏自古以来各民族交往交流交融的历史事实，引导各族群众看到民族的走向和未来，深刻认识到中华民族是命运共同体，促进各民族交往交流交融。”

灿烂的中华文化是各民族优秀传统文化的集大成者，是各民族共同创造的。布达拉宫作为中华文化的瑰宝，具有悠久历史和深刻内涵，蕴含着巨大的时代价值，值得深入挖掘。

深入挖掘、认真研究布达拉宫的中华文化背景。布达拉宫的兴建，是与中华民族的历史发展进程相一致的。其建设不是封闭的，也不是排他的，更不能忽略各民族对建成这一伟大工程的帮助和支持。她是各民族长期交往交流交融的结果，是藏民族敞开胸怀主动融入中华民族大家庭和中华文化的伟大创造。挖掘、研究布达拉宫的时代价值，要开阔历史视野，在中国历史和中华文化的大背景下审视过往，开拓未来；要将推介布达拉宫与宣传祖国的大好河山、悠久历史、灿烂文化、伟大创造、宏伟建设工程结合起来，从中挖掘各民族交往交流交融的历史元素、文化符号、团结互助精神，充分发挥其引导、宣教作用。

深入挖掘、认真研究同布达拉宫相联系的西藏地方与中央政府关系以及各民族守望相助的重要史实。在布达拉宫建设和发展历史上，发生过许多影响西藏乃至全国的重要历史事件。如王玄策、李义表经吐蕃出使天竺，玄照等经吐蕃到天竺求法取经，汉族僧人进藏翻译佛经;汉、藏、蒙古、回、满等各民族工匠、名医共同学习、互相帮助；五世达赖、六世班禅遥遥万里赴京觐见清朝皇帝；康熙皇帝派大军驱逐将战火蔓延至布达拉宫、祸乱西藏的准噶尔部，安定西藏；七世达赖协助朝廷平息珠尔墨特那木扎勒之乱，安抚、照顾受难兵民；八世达赖积极协助进藏各族将士共同反击廓尔喀入侵……这些真实而生动的史实是布达拉宫形成与变迁的主流，要向世界宣介其重大意义，进而通过这些史实影响与育示后人。

深入研究、大力彰显中华人民共和国成立以来与布达拉宫相关的当代历史。中华人民共和国成立伊始，中国共产党就把解放西藏、建设西藏和稳定西藏、繁荣西藏作为中国革命和建设的重要组成部分，先后经历和平解放西藏、维护和执行“十七条协议”、废除封建农奴制度、进行民主改革、实行民族区域自治、完成社会主义改造、推进改革开放和加快社会主义现代化建设等历史进程。在这一伟大进程中，中国共产党人创造性地解决西藏革命和建设中的实际问题，并形成了符合西藏实际的治边稳藏战略思想。在和平解放西藏至今 70 多年时间里，布达拉宫见证了中国共产党领导革命和建设的诸多大事、要事。比如，和平解放西藏协议签订后，中国人民解放军分四路进军西藏，第一支进入拉萨的十八军部队首先经过布达拉宫前入城，其后从青海进藏的十八军独立支队也与其会师于此处；1956 年 4 月下旬，陈毅元帅率领中央代表团前来祝贺西藏自治区筹委会的成立并出席在布达拉宫前召开的庆祝大会；1961 年，国家拨专款对布达拉宫脚下的雪城民居进行维修；1965 年，西藏革命展览馆在布达拉宫前落成并开馆；1975 年，“农奴愤”大型群雕艺术展览在布达拉宫前向世人开放……

改革开放后，新修建的布达拉宫广场成为西藏重大节日集会和纪念西藏和平解放、自治区成立庆祝大会等重大活动的举办地。1990 年、2001 年、2011 年、2021 年，党和国家领导人江泽民、胡锦涛、习近平等都先后莅临西藏并在布达拉宫广场出席重大活动或考察。2009 年 3 月 28 日，来自西藏各族各界的 13280 名代表在布达拉宫广场隆重纪念首个西藏百万农奴解放纪念日；2015 年 9 月 8 日，西藏各族各界干部群众约 2 万人欢聚布达拉宫广场，热烈庆祝西藏自治区成立 50 周年，书写着习近平总书记题词“加强民族团结　建设美丽西藏”的大型宣传牌矗立在广场上；2017 年 8 月 19 日，第二次青藏高原综合科学考察研究启动仪式在布达拉宫广场举行，习近平总书记发来贺信；2019 年 9 月 29 日，西藏自治区庆祝中华人民共和国成立 70 周年大会在布达拉宫广场举行，身着节日盛装的西藏各族各界干部群众欢聚在一起，祝福伟大祖国，赞美幸福生活；2021 年 8 月 19 日，西藏各族各界 2 万多人欢聚布达拉宫广场，庆祝西藏和平解放 70 周年，展示 70 年来西藏社会、经济、文化、生态、民生所取得的巨大进步和辉煌成就，由中央代表团赠送、习近平总书记题词的贺匾上镌刻着“建设美丽幸福西藏　共圆伟大复兴梦想”十六个大字，寄托了以习近平同志为核心的党中央对西藏各族人民的殷殷深情。

特别是 2021 年 7 月 22 日下午，正在西藏考察的习近平总书记来到

◎明　八瓣莲花大威德金刚坛城　西藏博物馆提供

布达拉宫广场。广场上鲜艳的国旗迎风招展，西藏和平解放纪念碑巍峨矗立，布达拉宫气势恢宏。习近平询问布达拉宫保护管理等情况，亲切看望各族群众。习近平指出，西藏是各民族共同开发的，西藏历史是各民族共同书写的，藏族和其他各民族交流贯穿西藏历史发展始终。当前，全面建设社会主义现代化国家的新征程已经开启，西藏发展也站在了新的历史起点上，只要跟中国共产党走、坚定走中国特色社会主义道路，同心协力，加强民族团结，我们就一定能够如期实现第二个百年奋斗目标，实现中华民族伟大复兴的中国梦。

这些例子就是一个个生动的缩影，映照出当代布达拉宫史诗般的恢宏厚重。

如今的布达拉宫，每天接待成千上万来自全国乃至全世界的游客。毫无疑问，布达拉宫已经成为反映我国各民族交往交流交融的中华文化符号和中华民族象征，成了各族人民的共有精神家园。

（原载《中国民族》2021 年第 7 期）

◎紫禁城之回望午门　柳叶氘 摄

故 宫

集八方之大成于一体

章宏伟（故宫博物院研究馆员，故宫学研究所所长）

作为元、明、清三朝的政治中心和国家权力中枢所在地，北京故宫又称紫禁城，是我国古代宫城发展史上现存的唯一实例和最高典范，也是世界上现存规模最大、保存最完整的古代宫殿建筑群，更是中华民族历史文化的重要载体和缩影。故宫建筑和存藏其间的 186 万余件文物，具有突出、重大、丰富的历史价值、艺术价值和科学价值。唯其如此，故宫入选我国首批《世界遗产名录》。

集八方之大成于一体，汇多元文化于一体。在学者单士元先生看来，故宫乃“民族建筑艺术集大成，其工程之艰巨、规模之宏伟、工艺之精巧、创造性之丰富为世界所罕见。它不仅是东方的瑰宝，也是世界的奇迹”。中华民族的悠久历史和灿烂文化赋予了故宫独特的魅力，而其最意味深长之处，不仅在于古建筑群本身，更在于它早已是我国统一多民族国家的文化瑰宝和中华民族文脉绵延不断的表征。无论是有形的宫廷建筑、文物藏品，还是无形的记忆、遗存及其所承载的人和事，共同构成了一个不可分割的文化整体，是各民族交往交流交融的重要历史见证。

元大都宫城的肇建是文化交融的产物

北京故宫肇始于元大都的皇宫。

忽必烈结束唐末以后300余年的割据分裂状态，一统天下，建立了幅员辽阔的元朝。为更有效地统治中原地区，政治中心需要南移。他看中了燕京“右拥太行，左注沧海，抚中原，正南面，枕居庸，奠朔方”的军事战略地位，以及“鱼盐枣果之饶”的自然条件，在金中都东北选定新址。从1267年起，用时18年建造了当时世界上最大最繁华的都城，并于1271年将其命名为“大都”，作为国家的政治中心。元大都是北方游牧民族和中原农耕民族相互交往、彼此交融的空间，不仅奠定了此后北京城的基础，更对中华民族共同体的形成和我国统一多民族国家的发展壮大有着重要贡献。

元大都是蒙古族游牧文化“古列延”的延续。在游牧迁徙过程中，族人们聚集而居，把勒勒车围成一个圈子，部落酋长在中心设大帐，其余人在周围环置小帐，并在最前边把两架车辕竖起来做大门——这种圆圈、院落和营盘，就是“古列延”的本意。《蒙古秘史》称其为“圈子”“营”，明、清两代音译为“库伦”，张穆的《蒙古游牧记》则译为“囫囵”。随着畜牧业生产的发展和人口的繁衍，“古列延”规模日趋扩大，逐步发展成为以汗宫斡尔朵宫帐为中心，集政治、经济、生活和军事于一体的流动的人口集聚地。正如史学家所描绘的那样：“他们没有城市的概念，只是在迁徙的过程中渐渐组成了帐篷群。将随车携带的毡帐围成一圈，在圈子里生活……成吉思汗的大汗毡帐已经变成了真正的流动皇宫。”

忽必烈兴建大都城，就是按照“古列延”的形式来规划、实施的。其首要条件是汗王的宫帐必须占据中心，各级贵族围绕其周围层层安营扎寨。所以元大都由4层城墙构成，即外城、皇城、宫城以及最里一层

◎紫禁城宫殿航拍图　故宫博物院提供

大明殿层层圈围起来。其建筑规划主次分明，构建有序，主体显著突出，是一个完整的统一体。作为都城，帝王所居是核心，宫城、皇城的总布局、宫殿平面形式可以明显看出蒙古民族的特色。其宫城前边的御街采用州桥—千步廊—门阙的系列，则承继了北宋皇宫前御街的制式。从元大都的建筑，可以看到由宋经金而来的传承与发展。它大量采用了汉地的土木结构，筑城是在夯土中设永定柱、纴木进而分层夯成。宫城以及隆福宫、兴圣宫等主要宫殿的周庑角楼之制，是蒙古毡帐形制在宫殿建筑上的体现。大明殿、延春阁的结构为蒙古式，建筑技术和材料则以汉式为主。1971 年，考古发现元大都和义门（今北京市西直门）瓮城遗址的门道、门券、城壁全用砖砌成，其砖结构技术应是对开封延庆观、杭州凤凰寺穹顶砖结构窑殿的发展。而其城垣东西两侧的水窗，则与宋《营造法式》中“卷辇水窗”完全相同。水窗用于城垣挡河道沟渠处，也是古代汉地筑城中常见的工程设施。

忽必烈为了宣扬国威，把大都城特别是宫殿建得富丽堂皇。从规模和设计的气派、讲究，可以感受到其宽广的胸怀、宏伟的气度以及各民族建筑艺术的交流融合。它既沿袭了历朝都城的建设理念和皇权礼制，又集多民族建筑风格于一城，在当时堪称世界一流水准，是我国建筑史上的一座里程碑。

“中国文明无价的历史见证”

1421 年，明朝皇帝朱棣迁都北京，使北京成为大明王朝的政治、军事中心。历史学家白寿彝先生在《中国通史》中写道：“（这）不仅可以统治广大中原和南方，而且还包括北方的黑龙江、贝加尔湖、阿尔泰山一线广大地区。它不仅是联系汉人与南方各族人民的纽带，而且也是联

故宫

◎从景山望故宫 柳叶氘 摄

◎清 自来火鸟枪
故宫博物院提供

◎清 写有『渥巴锡进』字样的腰刀
故宫博物院提供

系女真人、蒙古人、西域各族人民的纽带。”在此背景下，故宫建筑历经修葺、改建和增建，也成为了明、清宫廷制度变迁的缩影。1987 年，故宫入选《世界遗产名录》时，联合国教科文组织评价称："紫禁城是中国五个多世纪以来的最高权力中心，它以园林景观和容纳了家具及工艺品的 9000 多个房间的庞大建筑群，成为明清时代中国文明无价的历史见证。”

故宫的建筑技艺反映了我国古代宫廷建筑的最高成就。明、清两朝皇室的朝政礼仪、生活起居、宗教祭祀、园林休憩、内务管理、礼仪制度都有着丰富的民族文化特色，贯穿着汉、蒙古、满、藏等民族文化艺术的交融，是中华各民族优秀传统文化的集大成者。

文物是历史的永恒见证，故宫承载着中华民族厚重历史。

1771 年，蒙古土尔扈特部首领渥巴锡为摆脱沙俄压迫，率领部众冲

◎清 《万法归一图》 故宫博物院提供

◎清人画《六世班禅罗桑贝丹益西僧妆像》轴　故宫博物院提供

◎清人画《六世班禅罗桑贝丹益西清代官服像》轴　故宫博物院提供

破重重阻击，不远万里，历经千辛万苦回归祖国。在承德避暑山庄觐见乾隆皇帝时，渥巴锡敬献了玉器、自来火鸟枪、明永乐八年所受汉篆敕玉印以及用满、蒙古、汉三种文字写有“渥巴锡进”字样的腰刀。如今，这些珍贵的物品都收藏于故宫博物院。

2019 年，“须弥福寿——当扎什伦布寺遇上紫禁城”文物展在故宫博物院举办，展示了收藏于故宫博物院及西藏扎什伦布寺的珍贵文物 280 件，包括藏传佛教文物、历代班禅大师与中央政府贡赐往来精品等。中原文化与西藏文化相融相通、相依相存，一件件精美文物引领观众走进历史深处，了解汉、藏等各民族为维护祖国统一、促进民族团结所付出的极大努力，感悟中华民族团结奋斗、共生并进的光辉历程。1780 年，

◎清 乾隆皇帝佛装像唐卡（局部） 故宫博物院提供

乾隆皇帝七旬庆典，六世班禅罗桑贝丹益西为祝寿至承德和京城觐见，并敬献大量寿礼。其中相当部分仍保存于故宫，包括以藏、汉、满三种文字写成的奏书，赞颂文殊菩萨化身的乾隆帝。后来，六世班禅在北京西黄寺圆寂。乾隆帝为此将紫禁城的雨花阁西配楼布置为六世班禅影堂，供奉其银造像、班禅源流像等。六世班禅僧装像为大幅唐卡，其分别穿僧服和清朝官服结跏趺坐在雕龙扶手椅上，画像背面白绫用汉、满、蒙古、藏四种文字书写题记。

在清代，每逢年底，紫禁城都要为清王朝的藩属举行系列外藩宴，如除夕日保和殿外藩宴、朝正外藩宴等。此间，与清王朝有封藩关系的边疆各民族上层人士相继轮流进京，朝觐皇帝、瞻仰圣容、庆贺元旦，

◎清 郎世宁等绘《万树园赐宴图》轴 故宫博物院提供

称为“年班”。嘉庆时代的《啸亭续录·除夕上元筵宴外藩》记载：“国家威德远被，大漠南北诸藩部无不尽隶版图。每年终，诸藩王、贝勒更番入朝，以尽执瑞之礼。”乾隆皇帝认为，这是必不可少的典礼。对各地方政权和民族上层首领予以高规格接待，成为清代处理民族关系颇有成效的一种政治手段。

满蒙联姻，也是清宫中的一件大事。满族皇家不仅主动将公主格格出嫁给蒙古王公贵族，而且还迎娶蒙古王公之女。紫禁城里的东西六宫、慈宁宫、寿康宫区域，就留下了多位蒙古族后妃的生活印迹。这种相互通婚具有其他方式无法达到的特殊亲和力，令满蒙民族关系更亲近、更自然。

中华民族的“大成之城”

故宫有着中华 5000 多年文明的积淀，是中华民族历史记忆、文脉传承和文化自信的重要载体。故宫博物院珍藏的文物绝大部分是清宫遗存，数量庞大，历史序列整齐，其中属于国家珍贵文物的数量超过九成。这些文物见证着中华民族多元一体的历史进程，蕴含着各民族交往交流交融的深刻内涵。

在某种程度上可以说，故宫是中华文明的集大成者。从代表中原农耕文化的青铜器、碑拓书画、宋元善本，到代表东北森林文化的满文档案、满族服饰；从代表西南高原文化的雨花阁、唐卡、藏文《龙藏经》，到代表北方草原文化乃至岛屿海洋文化的元青花、珊瑚、砗磲……我国古代不同时期、不同地域、不同民族的文化精粹，都集中于此。

1656 年，清顺治皇帝按照盛京（今辽宁沈阳市）皇宫清宁宫的功能与格局，完成对紫禁城坤宁宫的改建。后来雍正皇帝移居养心殿，皇后也移出坤宁宫，从此这里成为萨满祭祀的主要场所。此处的萨满祭祀作为清宫日常的重要之事，乃清廷迁都北京后将满族宗教、习俗带进紫禁城的例证。这也是农耕、草原、森林三种文化交融的体现。

◎紫禁城梵华楼 故宫博物院提供

明清时期的统治者都奉行扶持藏传佛教的政策，清朝皇帝更是将其作为治理蒙藏地区、巩固政权统治的重要手段。因此，藏传佛教的佛堂在故宫逐渐增多，至今仍有雨花阁、梵华楼等佛堂保持着原状。康熙年间，设立了管理宫中藏传佛教事务的专门机构“中正殿念经处”，将佛事活动作为一项制度列入《大清会典》。乾隆时期改建的雨花阁，外观有着浓郁的藏传佛教建筑特点，是我国现存最完整的藏密四部神殿。它既是一座佛楼，也是一个大型汉藏建筑艺术合璧的代表作。其雕龙穿插枋、柱头上的兽面装饰、山面镶嵌的佛龛、鎏金铜喇嘛塔宝顶、铜镀金瓦顶以及跃于脊上的 4 条金龙，都具有鲜明风格。宫中的藏传佛教建筑供奉着来自西藏和蒙古地方的佛像、绘画等，加上频繁的佛事活动，进一步密切了清王朝与西藏、蒙古地方的关系。

2020 年，故宫博物院举办“丹宸永固——紫禁城建成六百年”展览，其主题为“有容乃大”。作为“有容乃大”文化胸怀的实物例证，故宫将“天

◎紫禁城雨花阁　故宫博物院提供

人之际”“礼乐复合”的中华文化一以贯之地发扬光大，展现出强烈的各民族交往交流交融气象，无疑是中华民族当之无愧的“大成之城”。

2021 年春节期间，中央电视台《国家宝藏》第三季“国宝盛典”特别节目从全国 9 处历史文化遗产中，分别评选出一件国宝为“《国家宝藏》年度中华文明标识”。最终，故宫博物院收藏的金嵌珍珠天球仪等 9 件国宝成功入选。正如故宫博物院副院长王跃工在节目中所说，“故宫虽然年轻，却是集八方之大成于一体。它来自碑林石刻的文脉相传、苏作审美的巧思创造、唐蕃汉藏的交流往来、敦煌石窟的丝路溯源、大秦王朝的统一格局、至圣先师的薪火相传、三星伴月的文明交往、殷商都城的营建规制，紫禁城之所以集大成原因就在于此”。

（原载《中华民族》2021 年第 7 期）

◎清　金瓯永固杯　故宫博物院提供

◎远眺承德避暑山庄 承德博物馆提供

承德避暑山庄及周围寺庙

历史文化的宝库　民族团结的丰碑

孙继新（承德避暑山庄博物院院长）

2021 年 8 月 24 日，正在河北承德考察的习近平总书记用了半天时间，先后走进避暑山庄、普宁寺、承德博物馆，深入考察文化遗产保护和民族宗教工作并做出重要指示。

“承德我是头一回来，一直心向往之。这里的很多事都想了解、实地看一看。”考察过程中，习近平总书记强调，我国是统一的多民族国家，在漫漫历史长河中形成了多元一体的中华民族。承德见证了我们国家历史发展的一些重要时刻，汉藏满蒙古等中华各民族交往交流交融，在这里留下了许多历史印记。承德避暑山庄底蕴深厚，在民族交往交流交融、宗教与社会相适应、传统文化保护和传承、人与自然和谐相处等方面具有重要历史价值和时代意义。我们的祖先在中华民族的进步过程中、在文明发展的进程中，都有哪些政治智慧、做了哪些事情，我们要深入了解。历史是鲜活的，既有通史，也有专史，各个方面都要研究透。要因地制宜开展研究阐释，围绕中华民族伟大复兴做好研史学史工作。

鉴往知来，习近平总书记充满自信：“在党的领导下，我们 56 个民族、

14 亿多人和睦共生，更加坚强地屹立于世界民族之林。”

让我们跟随习近平总书记的脚步，走进承德避暑山庄及其周围寺庙，了解清代民族关系发展和多措并举维护民族团结、边疆稳定、国家统一的史实，感知“合内外之心，成巩固之业”的历史佳话。

（一）

承天地化育万物的恩德。

承德，首批国家历史文化名城之一，是连接京、津、冀以及辽宁、内蒙古的重要节点。实际上，承德作为一个显著地标在中华文明史上占有一席之地，始于 18 世纪上半叶（其命名于 1733 年，取“承受先祖德泽”之意）。有清一代，这里因地处京师和塞北之间、中原农耕文化和草原游牧文化过渡地带，更是成为清王朝的第二个政治中心，见证了多元一体中华民族的巩固和壮大，见证了我国统一多民族国家的巩固和发展，留下一段段历史华章。作为享誉世界的文化遗产，承德避暑山庄及其周围寺庙堪称历史文化的宝库、民族团结的丰碑，跨越时空、历久弥新。

自 1644 年清军入关，清王朝进一步打破长城内外的界限，逐渐改变曾经的民族隔离和隔阂状况，开辟了我国民族关系史上的新篇章。

对此，康熙皇帝有着自己的思考：守国之道，惟在修德安民。《清圣祖实录》中的这句话，被后世史学家诸多引述，认为是“内圣外王”的典范。就在这一年，康熙帝亲抵多伦诺尔，主持了著名的“多伦诺尔会盟”，喀尔喀蒙古（清代漠北蒙古族诸部的统称）正式归附清朝。康熙帝曾言“我朝施恩喀尔喀，使之防备朔方，较长城更为坚固也”。

“固国不以山溪之险。”承德避暑山庄及周围寺庙在历史上起到了消弭纷争、维护团结的作用。

◎避暑山庄广元宫 承德博物馆提供

一座山庄，半部清史。避暑山庄及周围寺庙，兴建伊始就决定了它们绝不是单纯的园林与寺庙，而是清王朝为实现团结边疆少数民族、巩固国家统一之目标而修建的。

避暑山庄又称“热河行宫”，始建于1703年，建成于1792年。一幅清代画家绘制的《避暑山庄全图》，呈现了山庄鼎盛时期的全貌。山庄的面积超过8000亩，相当于两个颐和园，是世界上现存最大的皇家园林。山庄西北多山、东南多水，地形犹如中国自然地貌的缩影，亭台楼阁、山水相依，自然风景与人文历史交相辉映。

取自然山水之本色，撷塞北江南之风光。清王朝在兴建承德避暑山

◎避暑山庄烟波致爽殿 承德博物馆提供

◎避暑山庄澹泊敬诚殿 承德博物馆提供

庄时，借助自然地势，融南秀北雄为一体，集全国名胜于一园，既有江南水乡的旖旎风光，也有茫茫草原的辽阔无边，还有沟壑纵横的绵绵山峦，被誉为“中国古典园林之最高范例”。这里气候宜人、风景优美，按功能分为宫殿区和苑景区两大部分。其中，宫殿区包括正宫、松鹤斋、东宫和万壑松风四组建筑，是皇帝日常起居、处理朝政、宴饮娱乐以及举行重大庆典活动的场所。苑景区则包括湖区、平原区和山区。

康乾盛世 130 余年，清帝几乎每年都有半年时间在避暑山庄处理军政要事。所以，它是清代除京城外的政治分中心，朝廷的系列戍边筹藏大策也有许多在这里产生。

清代，蒙藏地区盛行藏传佛教，四大活佛居延其间。达赖喇嘛理前藏，班禅大师事后藏，章嘉活佛居漠南蒙古，哲布尊丹巴主喀尔喀蒙古。护持、尊崇藏传佛教必然对蒙藏地区产生极大的影响，因此清代“修庙固

◎避暑山庄普乐寺旭光阁 承德博物馆提供

疆”的国策随之而生。

“因其教，不易其俗。”为团结边疆少数民族，给其政教首领提供朝觐皇帝时礼佛之用的场所，1713 年至 1780 年，清王朝先后在承德建成了环列避暑山庄的 12 座皇家寺庙，即溥仁寺、溥善寺、普乐寺、安远庙、普宁寺、普佑寺、广缘寺、须弥福寿之庙、普陀宗乘之庙、广安寺、罗汉堂、殊像寺。据清代《钦定理藩院则例》记载，理藩院总共直接管领 40 座庙宇，除了北京的 32 座，其余 8 座均在承德。这些寺庙由理藩院每月造册统饷，朝廷支付费用，又因其地处长城边塞以外，故统称“外八庙”。

避暑山庄古朴典雅，“外八庙”则金碧辉煌，二者在建筑风格上形成鲜明对比，乃帝王宫苑与皇家寺庙的融合杰作，树立了民族团结与文化交融的典范。而其中所珍藏的诸多碑文、壁画、瓷器、漆器、玉器、佛像等物质和非物质文化遗产，更是展现了丰富多彩、博大精深的中华优秀传统文化。1994 年，避暑山庄及周围寺庙被列入《世界遗产名录》。

（二）

探寻岁月的印记，感悟历史的启迪。

“外八庙”的布局以山庄为中心形成众星捧月之势，体现了“仁怀天下，宇内一统”的治世思想。其建筑样式分为汉式、藏式和汉藏结合三种，有的出于北京，有的仿自新疆，有的来自五台山，有的源于西藏，蕴含着兼容并蓄、借鉴融通和遐迩一体的理念与期许。

溥仁寺、溥善寺，是“外八庙”中修建最早的寺庙。

1690 年，清政府彻底取得平定厄鲁特蒙古准噶尔部首领噶尔丹叛乱的胜利，第二年举行的多伦诺尔会盟，更是将对喀尔喀蒙古诸部的统辖由松散型转变为行之有效的盟旗制管理，废除了蒙古贵族从前的“济

◎避暑山庄永佑寺舍利塔 承德博物馆提供

农”“诺颜”等称号，实行中央政府的封爵制度和法律，依次授予亲王、郡王、贝勒、贝子、公、台吉等封号，并将喀尔喀蒙古诸部划分为左、中、右三路总计34个旗，统一纳入朝廷有效管理之内，极大地密切了蒙古各部与中央政府的关系。至1713年，漠南、喀尔喀等蒙古区域经过20余年的休养生息，出现了牧业繁兴的安定局面。这一年，适逢康熙皇帝六十寿辰，蒙古诸部上层首领齐聚避暑山庄，恭祝寿诞。

“众蒙古部落，咸至阙廷，奉行朝贺，不谋同辞，具疏陈恳，愿建刹宇，为朕祝厘。”康熙皇帝允其所请，在承德武烈河东岸建造了两座寺庙，供诸部王公拜谒瞻礼所用，取“寓施仁政于远荒”之意分别题名“溥仁寺”“溥善寺”。

在避暑山庄的北侧，矗立着我国北方最为典型的藏传佛教寺庙、仿西藏桑耶寺而建的普宁寺。该寺始建于1755年，历时4年落成。这是

◎避暑山庄普宁寺大乘之阁　承德博物馆提供

一座典型的汉藏合璧式寺庙，前半部为汉式，后半部为藏式，二者有机融合。寺内立有普宁寺碑记以及平定准噶尔勒铭伊犁之碑、平定准噶尔后勒铭伊犁之碑，四面均分别用汉、满、蒙古、藏四种文字镌刻碑文。

习近平总书记亲临普宁寺考察时，就仔细察看了上述石碑，了解相关史实。

1755 年，清廷出兵 5 万分两路直进伊犁，一举取得平息西部厄鲁特蒙古准噶尔部首领达瓦齐叛乱的胜利。是年十月，乾隆皇帝在避暑山庄宴赉厄鲁特蒙古四部贵族。为纪念平叛胜利和这次盛大集会，乾隆帝效仿其祖父康熙皇帝安定喀尔喀蒙古之后在多伦诺尔会盟并建汇宗寺的先例，决定仿西藏桑耶寺形制建庙。修建该寺的过程中，1757 年清廷再次取得平定准噶尔部阿睦尔撒纳叛乱的胜利，从而巩固了西北边防，维护了国家统一，实现了“安其居，乐其业，永永普宁”的安定局面。

此外，乾隆皇帝为加强对蒙古各部的管理，还将漠南蒙古的宗教首领三世章嘉活佛奉为国师，常年伴其左右。乾隆帝驻跸避暑山庄期间，章嘉国师就居住于普宁寺的讲经堂内。1763 年，喀尔喀蒙古的宗教首领哲布尊丹巴三世活佛来承德朝觐，普宁寺也一度成为其礼佛诵经的场所。

安远庙建于 1764 年，仿新疆伊犁的固尔扎庙而建。达什达瓦部是准噶尔蒙古的一支，清王朝平定准噶尔部叛乱时，该部坚定地站在朝廷一边，踊跃参战。1758 年，达什达瓦部提出“情愿向内迁移，承受恩泽”的请求，乾隆皇帝允所请，将其安置于承德并归入驻防八旗，在普宁寺周围建房千余间，供其居住。

固尔扎庙俗称“伊犁庙”，是准噶尔部牧民聚会之所在，也是该部规模最大的一座寺庙。该庙于 1756 年被阿睦尔撒纳的溃军所焚毁。达什达瓦部迁居热河后，乾隆帝命“肖固尔扎庙之制，营建斯庙”。安远庙建成后，每年夏季厄鲁特蒙古王公贵族来承德朝觐皇帝时，常在这里举行宗教活动。

普乐寺建于 1766 年。清廷平息达瓦齐、阿睦尔撒纳叛乱以后，西

◎承德博物馆「望长城内外——清盛世民族团结实录」展览之「土尔扈特部万里东归」展示场景 承德博物馆提供

◎承德博物馆『望长城内外——清盛世民族团结实录』展览之『六世班禅朝觐之旅』展示场景　承德博物馆提供

北边境地区多年割据混战的局面得以改变，巴尔喀什湖附近的左、右哈萨克族和葱岭以北的东、西布鲁特族，继准噶尔杜尔伯特部之后相继归顺清朝，并且年年来避暑山庄朝觐皇帝，扈从行围，接受封爵宴赏。乾隆御题《普乐寺碑记》载："惟大蒙之俗，素崇黄教，将欲因其教，不易其俗，缘初构而踵成之。且每岁山庄秋巡，内外扎萨克觐光以来者，肩摩踵接。而新附之都尔伯特及左右哈萨克、东西布鲁特，亦宜有以遂其仰瞻，兴其肃恭，俾满所欲，无二心焉。"

纵观碑记全文，得以了解普乐寺修建的背景：平定准噶尔部叛乱之后，清王朝为厄鲁特蒙古建造了普宁寺；达什达瓦部族迁移热河后，修建了安远庙。同理，也应为新归附的哈萨克、布鲁特修造寺庙，以满足他们的政教首领来承德后的习俗和宗教活动所需。故乾隆皇帝按照漠南蒙古宗教首领章嘉国师所提示的宗教意蕴，建造了普乐寺。

普陀宗乘之庙建于1767年。1770年是乾隆皇帝六十大寿，第二年是其母后八十大寿。皇帝的万寿节和皇太后的大寿相连，这在封建王朝

◎承德博物馆“望长城内外——清盛世民族团结实录”展览之“乾隆皇帝接见六世班禅”展示场景 承德博物馆提供

属最重要的庆祝活动。其时正值康乾盛世巅峰期，国力充盈、民族和合、边疆安宁。蒙古、青海、天山南北和西南地区的各少数民族首领，以及内藩外使都要云集承德庆贺。且蒙古各部上层首领为此还进献了千尊无量寿佛，因此乾隆帝特别重视这次盛会，把它当作敬重信仰和显示国威的绝佳机会，于是仿前藏政教首领达赖喇嘛的驻锡之地布达拉宫修建了普陀宗乘之庙。

土尔扈特部是厄鲁特蒙古四部之一，明末曾迁居伏尔加河流域，因不堪沙俄的压迫毅然决定回归祖国。从 1770 年 11 月至次年 6 月，该部逾越艰难险阻，行程万余里东归故土，重回祖国怀抱。清王朝对于土尔扈特部这种强烈的爱国主义精神给予极大褒奖，除立即从西北各地调剂牛羊、粮米、衣物予以救济、帮扶外，又在承德召见其首领渥巴锡。1771 年 9 月，乾隆皇帝首先在木兰围场伊绵峪召见渥巴锡。秋狝完毕，渥巴锡又随圣驾至避暑山庄，在万树园大宴 7 天，还特准其首领一行参加了普陀宗乘之庙的落成典礼，以示对该部的尊重和礼遇。

这次习近平总书记在承德博物馆考察时，参观了“望长城内外——清盛世民族团结实录”专题展览。参观过程中，一幅展现土尔扈特部万里东归的示意图，吸引了总书记的目光。总书记感慨：“土尔扈特部都去了100多年了，最终还是义无反顾要回到祖国，这真正体现了我们中华民族的影响力和向心力。”

须弥福寿之庙建于1780年，这一年也是乾隆皇帝七十寿辰。参加万寿节庆祝活动的众多人物中，就有来承德朝觐皇帝的六世班禅罗桑贝丹益西。乾隆帝对于他的到来给予极大重视，按照曾祖父顺治皇帝在北京接见五世达赖、兴建西黄寺的做法，仿后藏班禅居住的扎什伦布寺式样，以一年多时间的最快速度兴建了须弥福寿之庙。该庙是供班禅来承德时生活和讲经的地方，因此又俗称“班禅行宫”。

六世班禅一行，在这里受到了乾隆帝无微不至的关怀和礼遇。驻锡承德期间，他与乾隆帝频频会面，筵宴赏赐、颁敕授印，讲经布道、拈香熬茶，开光受戒、祈祷万寿，欣赏歌舞、观看焰火，各种活动连日不绝。特别是乾隆帝以七旬高寿研修藏史，并用藏语与其简单交谈，令班禅大师深感圣恩。需要说明的是，按照清朝的典章制度，“喇嘛入觐惟令跪不受其拜”。班禅却说:“古佛宜行拜礼。”因此，班禅觐见乾隆帝时，既跪又拜。这种礼节形式与五世达赖进京朝觐顺治帝时，有了很大改变。这也从侧面反映了西藏地方和中央政府臣属关系的进一步加强。

古人不见今时月，今月曾经照古人。

“以儒治国，以教治心。”清代，无论对漠南、漠北喀尔喀蒙古的经略，还是对新疆、西藏的治理；无论出兵新疆平叛、改革盟旗制，还是对西藏达赖喇嘛和班禅活佛的册封、金瓶掣签和驻藏大臣制度的设立以及《钦定藏内善后章程》的颁布实施……清王朝以避暑山庄和“外八庙”为场域，以园林、寺庙、牧场、湖沼、楼亭、蒙古包等为舞台，通过避暑、祝寿、秋狝、礼佛、会盟、封赏、赐爵等活动，上演了一幕幕促进各民族守望相助、和睦共生的历史活剧，也把承德这个因避暑山庄而兴的地

◎避暑山庄园林景观　承德博物馆提供

方演绎为清盛世处理民族事务、在国家治理方面扮演重要角色的第二个政治中心。

这一切，都有效有力地团结了边疆少数民族、巩固了国家统一，标志着清朝的民族团结达到了历史新高度。

（原载《中国民族》2021年第9期）

◎都江堰飞沙堰　赵爱东 摄

都江堰

中华科学文明的世界符号

彭邦本（四川大学历史文化学院教授，中国先秦史学会副会长）

5000多年的中华文明，留下了灿若星辰的历史文化遗产。其中有一项大型综合性水利工程举世瞩目，这就是永久性地灌溉了成都平原并使其成为“天府之国”、修建于战国时期的都江堰。迄今，都江堰水利工程仍润泽天府，名满天下，荣膺世界文化遗产、世界灌溉工程遗产等多项桂冠，以其生态文明的巨大成就，为人类社会的可持续发展提供了深刻启示，充分展示了古老中华文明的博大与智慧。

天府之源

作为我国古代先民兴水利、避水患的千古杰作，都江堰不仅巧妙地利用河流走向和地势地形等自然条件，有效地解决了成都平原行洪排涝的问题，基本消除水患威胁，而且满足了工程覆盖范围内广大城乡生产

◎都江堰全景 风沉郁 摄

生活、交通运输以及生态景观用水之需。汉代以后，随着都江堰大型综合性水利工程体系的建成运转，成都平原以至周边地区从“水旱从人，不知饥馑”到物产丰盈，一直受益至今。

岷江流域是传说中大禹治水“岷山导江，东别为沱”的地方。自大禹、李冰以来，蜀地逐步形成了一套科学有效的水利制度。在工程勘测方面，我国最早的传世文献《尚书》就记载了大禹治水，“随山勘木，奠高山大川”。这也是人类水利史上最早的科学勘测记录，对后世影响深远。古代蜀地文献《华阳国志》也说李冰为治水兴业，足迹遍于蜀地，曾亲自查勘岷江流域的水文、地理，并溯江而上，抵达江源地区。《水经·江水注》则记录了他在岷江上游考察，直至“所谓发源滥觞者也”。

都江堰这一巨大的工程体系，分渠首和灌溉航运系统两大部分。渠首工程包括鱼嘴分水堤、宝瓶口和飞沙堰三部分。由竹笼卵石砌成的鱼嘴分水堤位于堰首江心，把岷江分为内江和外江。鱼嘴利用河道动力学

寶瓶口

◎都江堰宝瓶口　赵爱东　摄

原理，把江水一分为二，平水时六成江水入内江，以保证和满足成都平原舟楫灌溉之利、生产生活之需；洪水时则六成以上的江水泻入外江主流，以避免平原洪涝之灾。连接内江的宝瓶口使多余的江水无法流过，转而从紧接鱼嘴分水堤尾的飞沙堰溢入外江。飞沙堰高约两米，自动横向溢排沙石于外江。洪水愈大，沙石排出率愈高，可谓因仍自然、巧夺天工！

作为一项符合自然规律的水利工程，都江堰集自然精华之大成。其最大的历史价值在于，它没有改变河流的自然形态，从而有效地保护了河流本身和流域自然生态，避免了因水利工程而导致泥沙淤积、改变水流流速和水质生态，引起地貌变化甚至诱发地震等诸多难以控制的灾难性后果，在造福人类的同时没有对生态环境产生负面影响，做到了科学、自然与人类利益的完美统一，是极具可持续性发展的工程模式，对于当

◎都江堰安澜桥 赵爱东 摄

今世界有着重要的借鉴意义。

在中外水利史上，我国古代著名的郑国渠、白渠，古巴比伦、古罗马帝国的灌渠等均早已废弃湮没，但都江堰迄今依然在造福蜀地各族百姓，创造了多项古代无坝水利工程史上的世界之最：修建历时最久、灌区面积最大、综合效益最高、生态环境保护最优，因而成为世界文化遗产、世界灌溉工程遗产等。

都江堰之所以能取得如此伟大的成就，奥秘就在于博大精深的古蜀水文化，特别是古老的岁修制度。利用冬季农闲时候开展的岁修，一般每年一小修、三年一大修，若洪水造成水利工程的严重损坏，则亦及时安排大修。明朝杨慎《升庵集》收录的《秦蜀守李冰湔堋堰官碑》，就记载了这种科学有效的岁修制度，即后世写成“深淘滩，低作堰”的著名六字要诀，以及“遇湾截角，逢正抽心”的治河八字格言。这都包含着深刻的科学原理，成为世代恪守的治水原则，有力地保证了都江堰2000多年的生机活力。

都江堰永葆活力的更为深层次的原因，便是其贯穿始终的道法自然、大道若水的深邃理念。大禹时代，古人就认识到“禹之决渎也，因水以为师”，这是对历代盛称的大禹治水技术和理念的高度评价。“以水为师”，其义通于老子《道德经》所谓“上善若水”和“道法自然”。这也是中国古代由来已久的哲学观，它源于先民对水性规律的切身体会和由衷尊重。位于长江上游的都江堰，因势利导、因水制宜，为这一中国古老、科学的水利理念做出了独特、精准的注解。

集我国农耕社会水利文明之大成

都江堰在材料技术、工程模式和文化理念上的卓越成就，可谓集古蜀与华夏水文化之大成；都江堰在开发、建设和利用过程中，也蕴含着各民族交往交流交融的深厚内涵，并最终成为我国各民族共享的中华文化符号。

都江堰属于长江上游核心区的古蜀文明，其水利技术历史悠久，水文化积淀深厚。尤其自新石器时代晚期成都平原宝墩文化以来，历经传说中的大禹和古蜀蚕丛、柏灌、鱼凫、杜宇、开明五朝，蜀地先民以水兴利祛害，创造了颇具特色的水利技术和水文化。

治水故事在我国古代神话中占据着十分突出的地位。其中，鲧禹治水最为著名。《山海经》记载“鲧窃帝之息壤以堙洪水”，舜帝因禹治水成功，让帝位于禹，禹建立了中国历史上第一个国家政权——夏王朝。文献反映大禹和古蜀五朝中早期的蚕丛、柏灌二氏，均出自岷江上游地区。《尚书・禹贡》记载大禹“岷山导江，东别为沱”，“沱潜既道，蔡蒙旅平”。此即大禹族群在四川盆地开展治水活动留下的印迹，与古代文献关于大禹出生于川西羌人地区的传说相吻合。这可以在距今 4000 年左右的成都平原宝墩文化古城群考古成果中得到印证。古城均顺着古河道流向的水脉和地脉兴建，巧妙地因应了水资源等自然条件，以就水利、避水患。综合蜀地传说中鲧禹时期的考古资料和文献记载可知，大禹时代的先民合理继承了前辈筑城（或曰堤围）的传统经验，转以疏导为主、堵疏结合的方略治理水患，大获成功，并以此形成蜀地水利和水文化优良传统。

以都江堰为代表的古蜀水文化的又一个重要来源，是长江中游的荆楚地区。古蜀历史上略晚于大禹和蚕丛、柏灌两朝的，是蜀地著名的鱼凫王朝，而鱼凫氏与其后的开明氏均来自荆楚地区。其中早期的鱼凫王朝，在长江中游上溯川江和岷江流域的沿途，都留下了大量冠以“鱼凫”二字的津渡类古老地名，反映其溯江而上来到蜀地创建文明的历程遗迹。鱼凫氏源于早期的滨水渔猎族群，于夏商时期来自长江中游。同禹族一样，这个原本依水而生的族群也很擅长水利，其水文化成就从三星堆古

◎垂直视角下的都江堰　风沉郁 摄

城的规划选址和建造布局中得以充分展现。

相传在古蜀国的第四个王朝杜宇时期，岷江时为水患，“望帝不能治”。荆人鳖灵通过疏导岷江上游而平息了水患，杜宇像尧让位于舜一样，把王朝交给了鳖灵。鳖灵遂创立了开明王朝，开明王朝存在了约 350 年。

这些治水故事有着明显的神话性质，而神话是人类早期历史呈现的形态。鲧禹父子和鳖灵的足迹，表明长江上游的古蜀国与长江中下游地区以及中原有着广泛联系，中华民族很早就在治理水患过程中获得文化的统一性，各族先民已经深刻认识到顺应自然、与自然和谐共处是基本的生存之道。

公元前 316 年秦灭巴蜀，也促进了都江堰水文化的形成。早在李冰兴建都江堰之前，秦人就积极引入中原尤其是关中水文化的先进方法。四川青川县秦移民墓葬出土的木牍“为田律”揭示，秦人很快就把商鞅变法后实行的农田水利制度直接推广到了蜀地。与此同时，秦国派张仪等在成都仿秦都咸阳规划修筑蜀郡治所。该城位于今成都市区的开明王朝都城旧址，其大体沿袭了依古郫、检二江濒水筑城的基本格局，结束了成都无城垣的历史，表明新城的建成是蜀秦文化融合的结晶。

相较于前代，秦人治下的蜀地，水利和水文化的多样性有了进一步丰富和发展，城垣和人工水利设施更为精致，与水环境等自然条件更加和谐亲融，显示了“天人合一”“道法自然”理念的传承和深化。而以集大成的内涵和形式凝聚上述水利技术精华和水文化杰出智慧的，无疑是李冰领导兴修的都江堰。秦昭王时期，李冰入蜀出任郡守，成为中华治水史上承上启下的重要人物。他秉承前人的治水理念和经验，创造了无坝引水的工程奇迹。因此，都江堰虽然地处西南一隅，但却集古代中国农耕社会水利文明之大成。

都江堰水利工程的成功建造，集中体现了中华文化的兼容并蓄和博大精深。

除了秦人挟强势带来的上述中原先进水文化因素外，前引文献和考

◎从都江[illegible]平原 风沉郁 摄

古史料证明，从大禹时期到开明王朝，以疏导为主、堵疏结合的传统治水方略，是都江堰无坝引水工程的主要模式源头。就地取材，采取竹笼络石、杩槎篱笆截水导流等水工技术，同样源自蜀地。20 世纪 80 年代，在成都市区指挥街出土了东西向的一排 6 根柱桩和竹木编拦沙篁等遗迹遗物，时代不晚于春秋前期，与防洪有关，就已略具杩槎截流意趣。而在成都市区方池街及附近遗址的发掘中，更发现了开明王朝年代范围内的春秋战国之交的多条卵石埂堤坝。这些都是当时的治水工程遗迹，揭示了都江堰竹笼络石等材料技术的古老源头。

总之，作为我国古代水利工程的卓越典范，都江堰既有秦人直接引自中原黄河流域的文化因素，又以蜀地源远流长的传统文化为深厚基础。然而细究起来，秦举巴蜀以前，蜀地自身的水文化也是在漫长历史进程中，不断吸收来自岷江上游的禹羌、长江中游的鱼凫、开明，乃至云贵高原水稻种植区杜宇族群等的水文化融会贯通而成的。

各民族共同守护都江堰

无疑，都江堰反映了蜀地各民族和睦相处、守望相助，团结协力、共建“天府之国”的伟大历史进程，也反映了中华民族多元一体发展演进的宏大格局。

先秦以降，是中华民族形成和早期发展的关键时期，亦是多个族群并存、杂居、互动、交流、迁徙以至融合的重要时期。作为中华文明多元汇聚的巨大共同体的一元，蜀地自古就是多民族聚居之地。《史记》载，黄帝族群很早就与蜀地族群发生了联姻互动，“黄帝居轩辕之丘，而娶于西陵之女，是为嫘祖……”唐代司马贞的《索隐》说“江水、若水皆在蜀”，指的就是岷江、雅砻江。通过古老的传说，可知 5000 年前的蜀地既有本地西陵氏、蜀山氏族群，又有从黄土高原南迁而来的青阳、昌意两个黄帝族群支系，已经形成了多族群杂居的格局。据文献记载，其后相继来到成都平原和蜀地的族群，有禹羌、蚕丛氏、柏灌氏、鱼凫氏、杜宇氏、鳖灵氏或曰开明氏等。这些都是先秦时期在蜀地建立王朝亦即成为区域性共主的族群，其间既有雄长蜀地的先后关系，也有在共主状态下长期并存互动之史实。

到战国、秦汉时期，随着华夏族的形成，蜀地居民可大致分为土著、华夏两大族群。后者主要是秦汉朝廷历次从巴蜀域外尤其是黄河流域迁徙而来的移民，为数应当颇众。但前者仍然在人口数量上占多数，并被后者称作戎狄蛮夷，支系众多。如《战国策》就称巴、蜀为“戎狄之长”，《汉书》则谓之为“南夷”。而三星堆器物坑中出土的诸多青铜人（神）头像，则可分为农耕的椎髻族群、畜牧的编发族群以及介于二者之间的半农半牧盘发族群，反映了古蜀疆域内更为完整真实的各族群并存状况。倘若仅就其中与水利关系密切的农耕族群仔细辨析，则又分别为来自岷江上游川西高原的大禹、蚕丛、柏灌等氏羌系，来自长江中游的鱼凫、开明等濮越系，还有来自川西南云贵高原的杜宇等夷系族群。当他们汇聚到土壤肥沃、气候温润的成都平原后，大力开展因地制宜的水利建设，并衍生出各具特色的水文化。

在同一地域长期的杂居相处、互动交往中，蜀地各族群相互学习、团结合作，形成了更为宏大的族群共同体，融汇、培育出共同的水文化。历代蜀地先民滨水而居、依水而存，在与水相生相克、以水求发展的过程中，用水、治水、惜水、护水，留下的兴水利、避水患的遗存遗迹非常丰富，加上传世和出土文献中的大量记载，综合反映了古蜀水文化物质、制度和精神方面的特点。在人类历史的长河中，以成都平原为中心的“天府之国”的水文化，颇具民族交融特色，最终造就了伟大的都江堰。

都江堰是一个千秋接力、不断完善发展的工程。通过历代官方和民

堰工程上游部分　风沉郁　摄

间的维修，都江堰的渠首工程和所有向成都平原延伸、展开的各级渠道都采用无坝引水，它们与天然河道一起在平原内构成了一个扇形的自流灌溉网，完善了自然环境。该工程覆盖地域的各族居民，既是工程的受益者，也是工程兴建、维护的承担者。历朝历代在都江堰维修工程中付出艰辛努力、做出重大贡献的各族工匠，数不胜数。其中包括岷江上游的羌族水工，他们直至近代，仍然是每年岁修中的重要生力军。正是各族民众，以世世代代天道酬勤的岁修劳作，保障了都江堰的千载运转，也保障了天府之国活力永在。因此，都江堰的建造和持续发展，是蜀地各民族团结协作、勤劳智慧的结晶。

自古以来，“治蜀先治水”是历代蜀地官员都深知的道理，蜀地最高行政长官同时也担负着治水护堰、兴修水利的重任，并以都江堰的管理为“根本之图”。久而久之，蜀地形成了尊崇都江堰及其创建者的深厚文化传统。

都江堰景区伏龙观前，有一条都江堰人为纪念历朝历代治水先贤而修建的堰功道。行走在堰功道，能够感受到 12 名治水先贤与秦蜀郡守李冰一起，为了让都江堰水利工程永葆活力而立下的不朽功勋。如清正廉洁、“以铁治堰”的元朝四川肃政廉访使吉当普，勤政爱民、世人称颂的清朝四川总督阿尔泰就是其中的典范。还有明末清初四川战乱之时，都江堰遭受兵燹，通渠壅淤，四川巡抚杭爱派人寻得离堆旧渠并疏通宝瓶口，终使都江堰的功能得以恢复。

在历史的长河中，都江堰屡经战乱、地震、洪水的破坏，但都能很快获得修复和重生。作为一直高效运转，甚至不断增效的大型水利工程，都江堰自古以来就是见证各民族命运与共的大地丰碑。

2200 多年来，都江堰持续造福当地各族民众。特别是中华人民共和国成立以来，都江堰渠首工程得到进一步完善，灌区渠系不断扩建，如今已经发展成为特大型水利工程体系，干渠、支渠、斗渠、毛渠遍布成都平原以及川中丘陵地区，灌溉面积由 1949 年的 280 多万亩增加到

1076 万亩。此外，都江堰还承担成都市 1600 多万人的生活供水以及城市工业用水、环境用水的供给。而其长期积累起来的科学思想和技术规范，更是不断得到贯彻、融合、普及。

正因为如此，1998 年，作为都江堰大型水利工程体系的重要组成部分，锦江（或称“府南河工程”）荣获联合国人居奖；2000 年，这一工程再获联合国地方首创奖和联合国地方范例奖。同年，作为天府之源的都江堰，与道教圣地青城山一起，双双被联合国教科文组织列入《世界遗产名录》。2018 年，都江堰被列入《世界灌溉工程遗产名录》。

大道无言，岁月无声。都江堰所体现的水利工程与自然环境、科学原则和审美观念的和谐互融，永远值得后人借鉴。上述这些世界性荣誉，充分显示了都江堰生态水利工程模式所蕴含的道法自然、天人合一的深邃哲理，已经成为中华科学文明的世界符号，并为人类可持续高质量发展提供了杰出范例和深刻启示。

（原载《中国民族》2021 年第 5 期）

◎1986年的通惠河　蔡蕃 摄

大运河

千秋大动脉

郑民德（聊城大学运河学研究院副教授）
王云（聊城大学运河学研究院教授）

作为入选《世界遗产名录》的重要水利工程，大运河是世界上建造时间最早、使用最久、空间跨度最大的人工运河，包括隋唐大运河、京杭大运河、浙东大运河三部分。其最初的开凿距今已有 2500 余年的历史，是我国各族人民劳动与智慧的结晶。自古以来，大运河不仅在沟通南北、联络东西，促进国家政治、经济、文化发展方面发挥了重要作用，而且对于推动各民族交往交流交融、维护国家统一也具有重大意义。

2017 年 6 月，习近平总书记对建设大运河文化带作出重要指示：大运河是祖先留给我们的宝贵遗产，是流动的文化，要统筹保护好、传承好、利用好。2020 年 11 月，习近平总书记在江苏考察时指出，要把大运河文化遗产保护同生态环境保护提升、沿线名城名镇保护修复、文化旅游融合发展、运河航运转型提升统一起来，为大运河沿线区域经济社会发展、人民生活改善创造有利条件。总书记的重要指示精神，为我们传承、弘扬大运河文化提供了科学指引和根本遵循。

大运河是中华文化符号和中华民族形象，保护好、利用好运河文化是全社会的共同责任。我们要深入挖掘其深厚的文化底蕴，充分展现运河文化的开放性、包容性、创新性、凝聚性，不断铸牢中华民族共同体意识，为全面建设中华民族共有精神家园贡献力量。

（一）

运河文化是中华文化的重要组成部分，是我国各民族共同缔造的，体现了中华优秀传统文化的独特价值。

大运河始于春秋时期吴王夫差开凿的邗沟。为进军中原，夫差自扬州城下开凿运河，引长江水北流至淮河，史称“邗沟”。吴国大军通过长江至邗沟，再至淮河，利用泗水进入山东境内，击败了齐国。此后，夫差又开凿菏水，与晋国会盟。当初吴王开凿运河为的是军事征战，但客观上却促进了南北之间的交通往来和沟通交流，为后世的民族大迁徙、大交往和大交融奠定了基础。其后，魏惠王开鸿沟运河，沟通黄河和淮河，推动了中原各诸侯国之间的政治、经济、文化交流，也方便了中原与楚、越等地的联系，使中原地区较为先进的农耕文明得以迅速传播，促进了南方边远地区的开发。

随着长期不断、持续有效的经营，运河逐步成为古代中国的政治与经济命脉，运河文化也由此萌芽并不断丰富发展。

秦汉为大一统时期，各民族之间交往交流交融的速度加快、程度加深。与先秦相比，这一时期运河的政治属性更强。秦始皇命监御史禄开凿灵渠，强化了秦朝对南越地区的管辖，岭南地区的开发对当地经济、文化、交通、商业发展尤其是各民族之间的交往都具有十分重要的意义。两汉时期，开凿关中漕渠、阳渠，治理黄河、整顿汴渠，使关中、关东漕粮源源不断地输往长安，满足了都城供给，为长安国际性都市地位的确立奠定了基础。与此同时，有相当数量的商人利用运河运输粮食等物资，沿河地区商业往来及文化交流日益繁盛。汉末三国鼎立，处于分裂割据局面，运河的军事性进一步增强。曹操先后开挖睢阳渠、白沟和泉州渠、新河，在此过程中实现了北方地区的统一。征战过程中，运河的开挖加强了中原与辽东等地的联系，使文化交流和商贸流通不断拓展。西晋与南北朝时期因战乱不休，大量北方民众纷纷通过汴渠、泗水等运河迁往江淮、江南各地，运河成为民族迁徙的重要通道。

隋唐时期国力强盛，特别是隋炀帝开挖通济渠、永济渠，整理邗沟、江南河，形成了贯通五大水系的隋唐大运河。通过运河，一方面使漕粮、军队顺利输往战略要地，另一方面加快了社会群体的流动，使长安、扬州、杭州等地成为各族民众聚居的重要地区。尤其是长安城作为丝绸之路的

◎广西灵渠陡门 蔡蕃 摄

◎大运河过河北沧州城 鲍昆 摄

起点，人口达数十万，还有不少外国商人在此经商或居住，促进了城市的繁荣及其国际地位的提高。唐天宝之乱后，藩镇割据的局面一直延续至五代末期，大量北方民众为躲避战乱之苦，沿永济渠、通济渠等迁徙至江淮地区。

两宋时期，运河以都城为核心，满足政治中心供需的作用非常明显。东京（今河南开封市）附近有汴河、惠民河、金水河、五丈河等4条人工渠道，其中的汴河转运江淮漕粮、商货，乃北宋立国之本。金水河除作为运输通道外，还因水质好成为了京城供水的重要来源。当时京城不但设有都亭驿、来远驿、怀远驿，接待河西、契丹、西夏的使者，还另置同文馆、班荆馆、瞻云馆、礼宾院招待回鹘、吐蕃、党项、女真等各族使者。南宋都城临安（今浙江杭州市）,境内主要运输河道为浙东运河。该运河西起杭州西兴镇，东至宁波入海，与海上丝绸之路相通，大量来自日本、东南亚的使者、商人通过海路与浙东运河前往宁波、杭州等地从事政务交流和商业贸易。

自元代始，运河的河道管理、漕粮运输、仓储收纳逐渐形成制度，军事功能弱化，而商贸流通、人文交流的作用显著增强。1280 年，元世祖忽必烈命党项人来阿八赤主持开凿位于山东半岛的胶莱运河，沟通了胶州湾与莱州湾。来阿八赤认真负责，征集各族民工万余人，历时两年完成工程，大大提高了运输效率。1289 年，忽必烈又命开挖从山东安山至临清的运河，江南漕粮得以源源不断地输往元大都，满足了京城所需。忽必烈取“会通天下”之意，为这条河赐名“会通河”。1293 年郭守敬开凿通惠河，完成京杭大运河最后的贯通。从此至清末漕运停止的六百余年，大运河成为国家漕运的最重要保障。

明代进一步完善运河管理体制，设漕运总督、河道总督、仓场总督负责漕粮运输、河道维护、漕粮入仓等事务，并开南阳新河、泇运河以避黄保运，航行效率大为提高，商业物资的流通速度随之加快，各族商人集聚于沿河两岸的市镇，极大地推动了当地的繁荣发展。

清代的河政、漕运管理制度臻于完善，又开凿皂河、中运河，治理高家堰，使黄河、运河两河彻底分离，沿河市镇进一步发展，各民族之间的交往进一步密切。至清末，尽管黄河北徙，运河部分河段断流，传统漕运日落西山，但运河区域多民族杂居相处、共生共荣的局面始终没有改变，一直延续至今。

历代运河开凿的史实表明，大运河是各族人民心血的结晶。也正是靠着各民族共同的力量，它才能贯通千百年，成为南北之间的大动脉，为中华民族多元一体格局的巩固和发展作出了贡献。

◎江南运河过江苏常州　鲍昆 摄

◎江南运河过江苏苏州　鲍昆 摄

（二）

大运河历史悠久，分布范围广、距离长，既满足了沿线地区的经济生活需求、刺激了商业市镇的崛起，又加强了不同区域和民族之间的商贸往来、人文沟通，对于国家统一和民族团结具有重要意义。

政治上，大运河打破了我国古代南北交通阻隔的状态，使国家对基层社会的控制力增强。利用水运这种省时省力的运输方式，大量漕粮从河南、山东及江淮、江南等地区源源不断地输往都城与边防要地，促进了国家统一与政权巩固。历代王朝通过在运河沿途设置急递铺、驿站等，将各地讯息快速传递到京城，对中央政令的颁布与紧急事务的处理都发挥了重要作用。此外，在运河沿线设置钞关、河工衙署、粮仓等机构，

◎大运河风光 鲍昆 摄

◎山东聊城周家店闸遗址 蔡蕃 摄

◎江苏扬州瓜洲古渡 鲍昆 摄

◎山东聊城运河边山陕会馆 鲍昆 摄

对于增加国家财政收入、推动沿线城镇发展、稳定蓄积等也起到了巨大作用。可以说，运河的开凿与延续具有促进经济发展、调控社会秩序、稳固政权基础、推动历史进步的功能。

经济上，作为商贸流通的重要通道，大运河助推了沿线城市的崛起与商品市场的形成。与陆运相比，水运受自然条件限制较少。大量商人以运河作为运输通道，以船只作为运输工具，将全国各地的货物输往运河区域，使诸多沿线市镇成为著名的商业中心、物流枢纽，形成了我国东部地区最为发达的商业圈，并建构了商业都会、中小城市、沿河市镇的市场网络体系。与之相随，民众生产与生活方式都有了较大变化，逐渐从传统农耕转变为经济作物种植、手工业生产、商业作坊经营等。来自全国各地的各民族商人分布于运河沿线，从事粮食、皮毛、珠宝、香料、餐饮、医药、绸缎、布匹、食盐等行业的经营，与当地民众的交往交流交融不断增强，对运河区域经济社会的发展贡献很大。特别是元、明、清三朝，天津、沧州、济宁、德州、聊城、临清、徐州、淮安、镇江、扬州、杭州等运河码头与商埠，一直是各族商人重要的聚居区。

文化上，大运河是一条各民族相互交流、彼此借鉴、取长补短的重要通道。自开凿之日起，其文化沟通的功能便逐渐显现。我国的江河主要为东西流向，所以南北文化交流曾经受地理环境影响较大。运河的贯通，突破了地理的限制，不同区域、不同阶层、不同民族你来我往、互相交流，促进了运河区域文化的形成，并使其具有开放、包容的特质。运河作为一条文化交融之河，增强了各民族对中华文化的认同，推动了区域文化、民族文化乃至中外文化的互动与融合。各民族不断交往交流交融，共同为地方经济社会发展和文化繁荣贡献了力量。

（三）

作为各族人民的伟大创造，大运河为后世留下了无数宝贵的财富。2019 年 2 月，中共中央办公厅、国务院办公厅联合印发《大运河文化保护传承利用规划纲要》，强调要以大运河文化保护传承利用为引领，统筹大运河沿线区域经济社会发展。纲要指出，“大运河是具有 2500 多年历史的活态遗产，沟通融汇京津、燕赵、齐鲁、中原、淮扬、吴越等

◎江苏扬州瘦西湖五亭桥　鲍昆　摄

◎北京通惠河广源闸 蔡蕃 摄

地域文化，以及水利文化、漕运文化、船舶文化、商事文化、饮食文化等文化形态，形成了诗意的人居环境、独特的建筑风格、精湛的手工技艺、众多的名人故事以及丰富的民间艺术和民风民俗，至今仍散发勃勃生机”，“大运河自古以来就是全国各民族各地区交融互动的关键纽带，也是中外文明交流互鉴的前沿地带，对国内外文明发展产生了深远影响，是中华民族留给世界的宝贵遗产”。大运河文化带规划所包括的“五大片区”“六大高地”中有许多地方属于多民族聚居地区，通过对运河文化的保护、传承与利用，有助于促进民族团结，实现区域经济社会的高质量发展。

大运河是世界文化遗产，其作为标志性符号的影响力已超越了地域与国界。作为悠久的历史之河与灿烂的文化之河，其留存的物质与非物质文化遗产不计其数。这些宝贵财富是各族人民共同创造的智力成果，对于推动全社会进一步铸牢中华民族共同体意识、不断巩固各民族大团结意义重大。要通过对大运河重要遗址遗迹的考古发掘、对大运河非物质文化遗产的保护传承、对大运河中华老字号的保护发展以及对大运河

◎会通河荆门闸遗址 蔡蕃 摄

◎淮扬运河邵伯段明清遗址 蔡蕃 摄

古村古镇保护展示等方面工作的深入开展，讲好大运河故事。要加大对运河商贸、历史名人、传统技艺、民间戏曲的保护与宣传力度，挖掘大运河积淀数千年的优秀传统文化，增强文化自信。要生动阐释运河文化遗产标识和大运河国家文化公园标识的内涵、价值与意义，做好宣传与推广工作，使运河文化的标志性符号深入人心，成为促进经济社会高质量发展与民族团结进步的重要推动力。同时，要保护好水道环境，做好城乡绿化美化，完善公共服务体系，使运河沿线区域成为各族人民更加美好的家园。

（原载《中国民族》2021 年第 7 期）

◎敦煌至汉玉门关的丝路古道烽燧　侯杨方 摄

丝绸之路

一条伟大的通道

马东平（甘肃省社会科学院社会学所所长）

1877 年，德国地理学家李希霍芬为一条东起中国古都长安（今陕西西安市），经河西走廊、新疆地区通往中亚和西亚，一直向西抵达地中海东海岸安都奥克（今伊拉克幼发拉底河口附近），全长 7100 余千米的交通线路，命名了一个极富诗意的名字——丝绸之路。这是公元前 114 年到公元 127 年，连接中国与河中（特指中亚阿姆河与锡尔河之间）、中国与印度，以丝绸贸易为媒介的交通路线。这个名字，很快得到东西方众多学者的认同。

随着人们对丝绸之路研究的深入以及东西方交通、文化交流的拓展，丝绸之路的概念也不断得到充实。从空间上看，它包括中国与西方交通线路的连接和沟通；从内涵上看，它包括沿线各国各地区各民族经济、文化、艺术、科技、宗教等多方面的往来和交流；从时间上看，它不仅仅局限于公元前 114 年至公元 127 年，而是伴随了东西方各国各地区各民族 2000 多年的发展史。尤其重要的是，在我国，无论是陆地丝绸之路、海上丝绸之路，还是草原丝绸之路、南方丝绸之路，都因为其所蕴含的各民族交往交流交融的深厚历史内涵，在推进中华民族共同体建设过程中发挥了重要作用。因此，它们也理所当然成为各民族共享的中华文化符号和中华民族形象。

（一）

古代丝绸之路最初是一条商贸之路。沿线各民族各地区各国在经济上互通有无，是其沟通交往的原始动力。而政治上的经略，则是丝绸之路持续畅通的根本保障。古往今来，伴随经贸往来和政治经略，丝绸之路也成了生活、文化、宗教等交汇融合的纽带，承载不同历史文化背景的各国各地区各民族在这个大通道上的共生共荣。在中国，丝绸之路更是生动演绎了“你中有我、我中有你”的中华民族多元一体格局的历程。

◎敦煌至汉玉门关的丝路古道 侯杨方 摄

经济上的互通有无，成为沟通丝绸之路交流的极大动力。1976 年，河南安阳殷墟发掘的商王武丁之妻——妇好墓中的 300 余件玉石雕刻品，经鉴定“大体上都是新疆玉”且“所发现的 3 件小型玉雕都是新疆籽玉”。籽玉乃俗称的“羊脂玉”，是品质最优的和田玉。古代，新疆玉石运往内地的必经之道要通过敦煌的玉门，“玉门”也由此得名并沿用至今。

此类考古发现说明，早在西汉张骞凿空西域以前，月氏、乌孙及北方的匈奴等游牧民族便已经在河西走廊沿线游牧迁徙，并且踏出了一条贯通亚欧大陆的草原通道，充当了早期沟通东西方贸易的主角。河西走廊频频出土和发现的海贝、石璧、玉璧、绿松石、骨贝等遗物也说明，当地的史前先民已经同外界进行贸易往来，进而形成早期的海贝之路、玉石之路、青铜之路，也孕育了丝绸之路的雏形。继匈奴之后，突厥、铁勒、鲜卑、蒙古等诸多北方游牧民族相继与中原汉族一道，肩负起沟通东西方地域间往来的历史重任。可以说，游牧民族和定居的农耕民族经济上的互补需求，成为丝绸之路开通和持续繁荣的主要动因。

据《汉书》记载，西域胡商前赴后继来到中原是因为“其欲贾市为好”。当时，西域物品在中原地区非常受欢迎。中原和西域的交往，正是在这种互通有无之中得以不断深入、共生共荣。其中，汗血宝马曾经在汉代丝绸之路关系中充当着重要角色。汉朝对大宛进贡的汗血宝马极为看重，甘肃敦煌郡作为负责接收贡品的首个驿站在迎接宝马过程中扮演了重要角色。又如甘肃、宁夏、青海等地出土了出现于南北朝与隋唐之间的东罗马金币、波斯萨珊朝银币等。诸如此类，丝绸之路沿线发掘的各类钱币等也都见证了各民族各地区各国的互利共赢。敦煌遗书《儿郎伟》记载，唐代敦煌市场繁荣，有许多西域人和外国人开设的店铺。其市场上所见的商品，有产自西域和中亚地区的胡粉、青金、胡酒、胡枣、大食瓜等，东罗马的银盏，粟特地区的金花银盘、金花瓷瓶和红绣毯，南亚或东罗马的珊瑚、珍珠，波斯的琉璃、玛瑙、琥珀，印度的砂糖与香料等。中国本以丝绸名闻天下，但这一时期敦煌市场上也出现了

◎新疆塔什库尔干葱岭石头城 侯杨方 摄

产自中亚的织锦。大约在5世纪，中国丝绸纺织技术传入波斯，波斯人掌握了锦绮等高级丝织品的制作。很快，这种改良过的“波斯锦”在中亚、西亚等地开始盛行，并逐渐流入中国。

政治上的经略是促进丝绸之路交流的根本保障。公元前139年，汉武帝派使者张骞从长安出发前往西域，公元前126年才返回长安。第一次出使，张骞带回来关于西域的地理、民俗、物产、军事等重要信息，为此后汉朝经略西域打下了坚实基础。公元前119年，卫青、霍去病受朝廷之命分别出塞1000余公里，匈奴王廷远迁大漠以北。为巩固战果，“扬威德于四海”，汉武帝接受张骞结好乌孙的建议，第二次遣其出使西域。此后，汉朝与西域的交通往来得以保持畅通。

继张骞凿空之举后，东汉使臣班超对西域地方实现了更有力的管辖。出使西域31年，班超功绩卓著，且待人宽爱有加、宅心仁厚，与当地各族百姓培养起深厚感情。

隋唐时期，我国的国力空前强大，加强对外交往、维护丝绸之路畅

◎位于帕米尔高原最北端的乌飞谷（阿赖山谷） 侯杨方 摄

通已是朝野共识，并且有了进一步的制度保障。隋炀帝十分重视经营丝绸之路，与西域联系更为密切。他曾命吏部侍郎裴矩统管丝绸之路贸易，招徕西域胡商。裴矩多次出使西域，所撰《西域图记》记述了当地的基本情况。隋炀帝还亲自西巡至张掖，召见了高昌、突厥等 27 个地方政权的首领等。

唐朝是中国封建王朝的鼎盛时期。唐太宗重新打通丝绸之路，建立安西都护府（后又设立北庭都护府）。自此，各地方政权尊称唐朝皇帝为“天可汗”。安西都护府下辖龟兹、焉耆、于阗和疏勒等安西四镇，是维持丝绸之路通畅的军政管理机构。在塔里木盆地东部，主要是伊州（今新疆哈密市）、西州（今新疆吐鲁番市）和庭州（今新疆吉木萨尔县）等地，则实行与中原行政管理体制一致的州县制度。随着唐朝的全面强盛，尤其在贞观、开元年间，河西走廊丝路绿洲沿途成了“闾阎相望、桑麻翳野”的富庶之地。

文化的交流是丝绸之路沟通的精髓所在。丝绸之路不仅影响了各国和各民族的文化表象，而且深深地影响了各种文化的实质内涵，文化成为丝绸之路上交流的灵魂。伴随日益深入的经济交往，丝绸之路沿线的文化交流也不断深化，人民的物质和精神生活得到极大丰富。其中，语言就是一个明显的例证。如汉语的葡萄、苜蓿、狮子等名词，来源于波斯语；波罗球、波斯枣、菠菜等，都是以这些物产的产地波斯来命名的。在我国，石窟、敦煌经卷、西夏文《大藏经》等都是文化传播和交融的产物。

各民族长期、广泛、深入的交往交流交融，奠定了中华民族共同体的坚实基础。

经济、政治和文化的交流，首先是人民之间的交流。从《后汉书》《三国志》《高僧传》等文献及新疆吐鲁番文书记载可知，从东汉中期以后，就有中亚的月氏人、康居人、安息人及印度北部的天竺人等陆续迁移到西域、长安等地。其中从陆地进入的外国人主要越过葱岭进入并留居敦煌，一部分人继续东进。这一时期河西走廊商贸经济的繁荣还可从敦煌莫高窟的壁画中得到最直接的反映，北魏 290 窟、西魏 285 窟、北周 296 窟窟顶绘制的壁画中均有大量世俗生活的场景，如壁画《福田经变》就描绘了中原商队与西域商队相遇的生动场景。

隋、唐、五代时期，粟特人及其商队是活动于丝绸之路的重要角色，他们长期生活在敦煌、凉州和中原地区。敦煌遗书《天宝十载差科簿》中记载，敦煌所辖 13 个乡中有一个名叫从化乡的地方，该乡居民中就有曹稍稍、安好子、康阿揽延、史佛航、米拂耽延、石羯槎、何尼尼、罗阿铛等胡人姓名。

元朝时期，东西方贸易和海路交通都很发达，特别是成吉思汗的西征及四大汗国的建立使得丝绸之路的贸易往来再度兴盛起来。陆上丝绸之路出现了前所未有的畅通，大量中亚、西亚的各族群人士通过通使、经商等途径来华，经陆路到达我国西北地区，留居过程中逐步与当地各民族相融。

历史证明，丝绸之路也是民族融合的大走廊，各民族在这条漫长的走廊中来来往往、进进出出，交往交流交融的脚步从未停息。从春秋至两汉时期的月氏、乌孙、羌戎、塞种、丁零等，到秦汉之际兴起于北方的强大游牧民族匈奴，到魏晋南北朝时期更迭频繁的各族群，再到隋、唐时代的吐蕃、回鹘、突厥，然后到几次西征的蒙古人……各民族你来我往、你中有我、我中有你，谁也离不开谁，成为推进中华民族共同体建设的重要力量。

（二）

古代丝绸之路是一条贸易之路，更是一条友好之路。在长期的交往交流交融过程中，逐步形成了以和平合作、开放包容、互学互鉴、互利共赢为特征的“丝绸之路精神”。这种精神不仅推动了中华民族共同体的巩固、发展，也构建了不同民族、不同国家之间以及东西方之间关系所遵循的基本原则，造就了丝绸之路对于人类文明的最大贡献。

和平合作是丝绸之路交流的前提。西汉末年王莽篡汉时期，丝路受阻。东汉时期，丝路复通。东汉末，中原纷争，丝路又断，直到魏晋南北朝才又恢复。然而，即使在这些短暂“断”的时期，丝路上的交流仍然在进行。魏晋南北朝时期，中原与西域以及西域与中亚、波斯的交流并未中断，嘉峪关、酒泉墓葬中的壁画和画像砖就可证明。唐朝时，陆上丝绸之路东段和中段都在帝国范围之内，为维护丝绸之路畅通及过往商旅和使者安全，朝廷在重要据点上都驻扎有人数不等的军队，按规模大小分别称为“军镇”“守捉城”“戍”“烽火台”。丝绸之路沿线完善的行政管理机构、军事建置，为丝绸之路的发展繁荣提供了可靠保障。如今，我们仍可以从边塞诗人岑参描绘的“凉州七里十万家，胡人半解弹琵琶”及元稹“吾闻昔日西凉州，人烟扑地桑柘稠”的诗句一窥当年的景象。

开放包容是丝绸之路交流的核心。随着丝绸之路的畅通，各民族联系在一起了，中国与世界联系在一起了。尤其汉、唐时期，中国更是以

◎帕米尔（葱岭） 侯杨方 摄

恢宏气度向世界敞开胸怀，荟萃各种文化，促进自身文明繁盛。中西交往加强，各国使节往返频繁，胡商贩客络绎不绝，河西走廊的敦煌等地变成了经济文化交往交流的咽喉重镇，敦煌文化成为中国、印度、希腊和伊斯兰四大文明体系交汇融合的结晶。中华文化开放的特征、多元的形态，注定其必然有广博的包容性，这种包容性是中华文化显著的特征。包容不是同化也不是消灭，而是你中有我、我中有你，共同发展、并存创新。敦煌莫高窟、榆林窟、马蹄寺石窟、天梯山石窟、炳灵寺石窟、麦积山石窟、南石窟、北石窟等宛若繁星的石窟点缀在丝绸之路上，难以计数的民间画师、雕刻师、建筑工匠等心甘情愿地为石窟艺术默默奉献，这也正是佛教文化与中原儒家文化融合共生的结果。“海纳百川，有容乃大”，中华文明在历史演进中形成的极强包容性体现于各方面。比如，“儒门释户道相通，三教从来一祖风”就是一个典型的缩影。又如，受益于丝绸之路，葡萄、石榴、胡桃、胡萝卜、胡椒等西域和中亚、西亚的食物，都早已成为我们习以为常的美食。

◎古丝绸之路上的喷赤河谷 侯杨方 摄

互学互鉴是丝绸之路交流的目标。张骞两次出使，向西域传播了中原文化，也引进了各种西域物产及文化。西汉时期，中国船队就已经抵达印度和斯里兰卡，用丝绸换取琉璃、珍珠等物品。作为中国历史上对外交流的活跃期，唐朝通使交好的国家多达 70 多个，长安城里来自各国的使臣、商人、留学生成群结队。这些广泛而深入的交往交流促进了中华文化远播世界，也促进了各国文化和物产传入中国。15 世纪初，航海家郑和七次远洋航海，到过东南亚很多国家，最远到达非洲东海岸的肯尼亚，留下了中国同沿途各国人民友好交往的佳话。近代以来，在中亚、西亚、南亚、东北亚、东南亚、非洲等地发现了数量众多的中国古代文物。明末清初，中国人积极学习西方现代科技知识，欧洲的天文学、医学、数学、几何学、地理学知识纷纷传入。通过丝绸之路，各国的政治、军事、经济、文化、宗教等实现交流和对话；通过丝绸之路，中国走向世界，世界也了解中国，东西方文明之间真正实现了互学互鉴。

互利共赢是丝绸之路交流的基础。历经 2000 多年风雨，丝绸之路上的各国各地区各民族都已经建立起了密不可分的联系，这条路自身也已成为一条相互促进、共同发展、互利共赢之路。在历史的跌宕起伏中，丝绸之路贸易固然会在某个区域、某个时期受到影响，但由于地缘格局和经济利益的巨大引力，无论陆地丝绸之路还是海上丝绸之路，对新的贸易路线、新的贸易伙伴和新的贸易方式的拓展都一直处于不断延续和发展之中。例如北宋时期，吐蕃扼守河西走廊凉州和丝绸之路南道，通过贡赐贸易、市场贸易等多种形式，与中原及周边地区建立密切的商业往来关系，形成相对稳定的共同市场，推进了丝绸之路的发展。控制丝绸之路青海道的吐蕃地方政权对往来使团、商队实行保护政策，保证了北宋对外贸易的通畅。青海都兰出土的吐蕃时期文物，就有大量来自波斯的波斯锦和来自中亚的粟特锦。刺激往来的经济动因非常强烈，以至于富有冒险精神的中原人和匈奴人、鲜卑人、柔然人、月氏人、突厥人，

◎古丝绸之路上的碎叶城遗址 侯杨方 摄

以及粟特、波斯等客商跋涉在戈壁大漠、雪山草原，造就了丝绸之路最活跃、最有生气的商业贸易。

（三）

历史证明，丝绸之路已经成为我国各民族共享的中华文化符号和中华民族形象，以和平合作、开放包容、互学互鉴、互利共赢为特征的丝绸之路精神也促进了中华民族共同体的巩固和发展。

中国自古是一个统一的多民族国家。在久远的历史长河中，不同时期各民族都从地域迁徙、共建政治秩序、经济互补、文化交流等方面参

◎乌兹别克斯坦撒马尔罕雷吉斯坦广场　侯杨方 摄

与了中华民族共同体建设。尤其是通过陆地丝绸之路、海上丝绸之路、草原丝绸之路、南方丝绸之路，各民族之间的交往交流交融更是极大地推动了中华文明的大发展。

政治共建是中华民族共同体建设的核心。凿空西域，标志着汉朝对西域进行有效政治经略。从汉朝开始，历朝历代都不断加强对西域的统辖治理和开发建设。时至隋、唐，对西域和丝绸之路的经营达到空前程度。在经营丝绸之路、开拓西北疆土的过程中，许多民众或迁入中原或迁至西域，各民族的交往交流交融不断密切。正是通过中华民族多元一体格局和统一多民族国家巩固发展的政治共建，中华民族共同体的建设也得以持续推进和不断深化。

经济互补是中华民族共同体建设的基础。不同经济类型之间具有一定的互补性。无论哪个朝代，农耕民族和游牧民族之间都进行着多层面、

◎甘肃瓜州唐玉门关遗址　侯杨方　摄

唐玉门关路烽燧 侯杨方 摄

多途径的经济交往，从而使各自的需求得到满足。在长期的历史进程中，丝绸之路上的各民族通过互补互惠的族际经济联系，通过迁徙杂居和族际通婚等途径，推动了中华民族多元一体格局的形成和发展。尤其是中原农耕民族和北方游牧民族通过丝绸之路以及贸易、和市、朝贡、移民实边和屯田等方式，形成极其紧密的联系，这也奠定了中华民族共同体建设的经济基础。

文化交流是中华民族共同体建设的推动力。中华文化体系中的大一统思想，始终是推进中华民族共同体建设的强大精神动力。在民族交往史中，虽然有征战、割据的时候，封建统治者也多有“夷夏之别”的观念，但中华大一统思想以及中国文化的“和”“合”精神一直是促进各民族交往交流交融的黏合剂和推动器。丝绸之路上的各民族通过文化交流，相互了解、相互学习，丰富了中华文化的内涵。这种交流为中华民族共同体的建设打下了坚实的人文基础。

思想认同是中华民族共同体建设的纽带。丝绸之路的历史表明，通过数千年的经济互补、文化交流、制度互鉴，我国各民族在交往交流交融中对中华民族和中华文化早已达成了高度的自觉认同。正是因为具备这样的高度认同，来自外部的压力非但不能打破这种多元一体格局，反而更加增强了中华民族的凝聚力和向心力。

如今，在构建人类命运共同体的背景下，在建设丝绸之路经济带和21世纪海上丝绸之路的背景下，我们更需要传承和弘扬丝绸之路精神，不断促进各民族广泛交往交流交融，铸牢中华民族共同体意识，实现中华民族伟大复兴的中国梦，使中华民族永远屹立于世界的东方。

（原载《中国民族》2021年第6期）

◎湖南安化县永锡桥　李艳阳 摄

万里茶道

跨越亚欧的“世纪动脉”

黄柏权（湖北大学历史文化学院院长、教授，万里茶道研究院院长）
巩家楠（湖北大学历史文化学院博士研究生）

一片神奇的树叶，联结起亚欧大陆，开启了商品贸易与文明互鉴的茶叶之路，这就是万里茶道。

途经如今的中、蒙、俄三国，万里茶道是继丝绸之路和茶马古道后，于 17 世纪末期在亚欧大陆兴起的一条以茶叶贸易为主的国际商道。当初，以晋商为代表的中国商人在福建武夷山、江西与湖北交界的幕阜山、湖南西部雪峰山、湖北与湖南交界的武陵山等茶源地采购茶叶，通过水路、陆路运至长江之滨的汉口集中，转而向北通过汉水经湖北襄阳、河南社旗等，再通过马、驴、骡、骆驼和人力等运输方式继续北上，经山西、河北、内蒙古多次转运后，抵达中俄边境贸易集散地恰克图，又向西经西伯利亚最终到达俄罗斯圣彼得堡，而后转销欧洲各地。

由南向北再由东向西跨越亚欧大陆的万里茶道，绵延 14000 余公里，是继陆上丝绸之路后又一条连通欧亚的大通道，也是促进东西方经贸往来和文化交流的重要纽带。

亚欧大地上的历史之路

万里茶道形成、发展、繁荣近300年，20世纪30年代以后因交通运输、贸易方式等外部环境的改变而日渐衰落。曾经繁华一时的商贸大通道虽已是过眼云烟，但其留下的遗迹却凝固在沿线的大地上，成为历史的永久见证。其沿线类型多样、内涵丰富的遗产，由有形文化遗产和无形文化遗产两部分构成。前者包括古茶园及古村落等茶源地遗产，水陆道路、驿站、路亭、关口、码头、桥梁等交通类遗产，厂房、器械、工具等加工类遗产，历史街区、茶亭、茶庄、茶行、茶栈、仓储等商贸类遗产，客栈、会馆、骡马店、票号、银行、镖局等服务类遗产，祠堂、寺庙、教堂等宗教文化类遗产，标志性建筑、碑刻、摩崖石刻、墓葬等

◎湖北茶房沟古道 李艳阳 摄

◎河北张家口大境门 李艳阳 摄

纪念类遗产，以及采摘加工工具、包装运输交易工具和茶样、票据、茶章、账簿、路引、合同、公文、手册、日记、档案文献等可移动文物。后者则包括茶叶生产、运输、交易过程中与衣食住行相关的生产生活习俗和制度，如与茶有关的礼仪、宗教仪式、同业同乡聚会、节日庆典等风情，与茶有关的语言、文学、音乐、舞蹈、戏剧、美术等文化艺术，与茶有关的品种选择、种植管理、采摘、制作等技艺。

这些文化遗产反映了万里茶道开拓、发展、繁荣、衰落的历史进程，记录了茶农、茶商等所有参与者的付出与收获。每处遗迹都是一部厚重的史书，每个故事都饱含着经营者的酸甜苦辣。这些文化遗产，见证了沿线各民族的交往交流交融，同样见证了中、蒙、俄三国之间的贸易往来和文化互动，对深入研究中国茶叶贸易史、交通运输史、茶文化传播史以及中外文化交流史具有重要的价值。而万里茶道所淬炼出的价值理念和人文精神，同样是对人类文明发展的重要贡献。

作为跨区域、跨行业、跨民族、跨国度的茶叶运输和贸易路线，万

◎河南社旗大升玉茶社 李艳阳 摄

里茶道在开拓、发展、繁荣的艰难历程中探索了维持运行的准则，形成了不同群体共同遵守和认同的理念，很好地体现了其核心价值观，即“和合天下，恩泽四海”。

“和合天下”，既是茶叶和茶道本身蕴含的品质，也是万里茶道的先民修身养性、人生追求、行为方式的遵循。中国茶文化经过几千年的传承，汲取儒释道的精髓，形成了天人合一的人文精神，铸就了“以和为贵”的民族之魂。从茶叶与人类个体的关系看，饮茶能让人保持内心平和、清静淡雅，具有修身养性的作用；从茶叶与群体的关系看，饮茶是一种高雅文明的交往交流方式，能保持人与人之间的友好沟通，促进各类群体的相互了解，“以茶为媒”“以茶会友”成为中国传统文化特有的交往方式。万里茶道以茶叶为载体增进了沿途各民族乃至中国与欧亚各国的友好交往，促进了东西方文化交流与文明互鉴。如今，茶外交仍然是国家交往中一种重要手段。而从茶叶与自然的关系看，一方面，作为大自然对人类的馈赠，它主要产于热带和亚热带湿润的山地，对土壤、温度、湿度、环境有严格的选择性，依赖于大自然；另一方面，中国茶道追求“天人合一”，种茶、制茶、饮茶讲究自然天成。由此可见，和谐、和平、合作是中国茶文化的最高境界，也是万里茶道追求的现实目标。

“恩泽四海”，则是万里茶道开辟的初衷和开辟之后带来的实际效应。为满足我国西北各民族以及欧洲人民的生活需要，同时通过茶叶对外贸易获取利润，万里茶道才得以应运而生。其实，它所达到的最终效应早已远远超出预期，惠及了无数人。

茶叶种植和茶叶贸易，给人们提供了一种重要的谋生手段，拓展了山区居民的收入渠道，尤其是为妇女就业创造了更多机会。目前，全球有 60 多个国家产茶，茶叶年产量近 600 万吨，茶产业仍是许多国家和地区农民收入、政府财政税收的重要来源。

茶叶为人类提供了健康饮品。通过万里茶道从中国传向欧洲的茶叶，满足了游牧民族日常维生素的需求。茶叶传到欧洲后，饮茶逐渐成为上自贵族、下至平民的一种生活方式。如今，全世界有 30 亿人饮茶，茶叶成为世界三大饮品之一。

茶叶种植是我国各族人民探索、积累的合理利用山区土地资源的典型范式。它通过万里茶道向世界传播，为人类综合利用山地资源、保护生态环境、发展经济提供了成功样本，为人类破解环境污染、资源枯竭难题提供了有益启示。此外，随着万里茶道的开辟，其沿线催生出诸多城镇，给沿线国家和地区的各族人民带来了巨大财富和崭新的生活方式。

尤为可贵的是，各地区各民族在开辟、维护、繁荣万里茶道的历程中，培育了不畏艰险、勇于开拓、合作共赢、诚实守信的“茶路精神”。这既继承了中华民族以诚相待、勤劳勇敢的优良传统，又赋予了万里茶道开放创新的时代品质。“茶路精神”贯穿于万里茶道始终，永远铭刻在中、蒙、俄三国人民的心灵深处，成为全人类共同的文化遗产。

◎河南沁阳古羊肠坂题刻 李艳阳 摄

文化交流与文明互鉴之路

习近平主席在2019年亚洲文明对话大会开幕式上的主旨演讲中指出："文明因多样而交流，因交流而互鉴，因互鉴而发展。我们要加强世界上不同国家、不同民族、不同文化的交流互鉴，夯实共建亚洲命运共同体、人类命运共同体的人文基础。"万里茶道就是典型的文化交流、文明互鉴之路。它既是我国各民族交往交流交融的纽带，也是促进东西方文明交流互鉴的桥梁。

从茶源地武夷山、幕阜山、雪峰山、武陵山出发，穿越南方湿润地区到半干旱、干旱地区，跨过山地复合式农耕文化区、稻作文化区、旱作农耕文化区、游牧文化区等，万里茶道将中国传统的主要经济文化类

◎湖南安化的鹞子尖古道 李艳阳 摄

◎湖北五峰汉阳桥　黄天一 摄

型区域紧紧地连接在一起，并延伸至中亚和欧洲其他地区，实现了不同地区各民族的互通有无和生计互补。

对于南方山地茶农来说，茶叶是换取粮食和日常生活物资的特产。而对于我国北方游牧民族和欧洲人来说，茶叶则是不可缺少的生活资料，甚至许多地方都流传着“宁可三日无食，不可一日无茶”，“一日无茶则病”的说法，可见茶叶对于以肉、奶为主食，缺少蔬菜和水果人群的重要性。唐代以后，南方茶叶就逐步成为我国北方各民族不可或缺的生命之饮。如湖南安化和湖北羊楼洞压制的黑砖茶，曾经是草原上可以充当货币使用的硬通货。当然，中原和南方农耕民族也需要通过把茶叶销售到北方换回马匹、牛羊、皮毛等特产，满足生活所需。可见，南北方不同类型的生计互补是万里茶道形成的内在动力，而大规模的茶叶种植和贸易，又使得互通有无的巨大经济价值得以实现。

万里茶道茶源地基本属于多民族居住区，这些茶源地种植、加工的茶叶通过万里茶道运送到北方，满足了北方蒙古族、回族等多民族的需求，也实现了南方各民族生产的价值。通过茶叶贸易，增进了各民族的了解和互助，促进了各民族的认同和团结。在某种程度上说，万里茶道已然成为中华民族共同体建设的重要纽带。时至如今，南方地区民贸企业生产的边销茶仍然大批量地对口销售到北方和西北地区。

一缕茶香，飘逸着浓郁的文化气息。万里茶道不仅成为我国各民族交往交流交融的重要媒介，也作为东西方文明交流互鉴的有效载体，将古老的中国茶文化与各国历史文化相结合，演变成世界各地独具特色的茶文化。以茶会友，以茶奉客，是中国简朴而高雅的待客之道。日本的茶道、韩国的茶礼、俄罗斯的奶茶、英国的下午茶等，无不受到中国茶文化的深刻影响。一片小小的茶叶跨越国界，成为人类共享的财富。

万里茶道这座桥梁，连通中国与中亚及俄罗斯等欧洲国家和地区，推动文化交流和文明互鉴。南方茶源地所产茶叶，通过汉、蒙古、回、满等各民族茶商、经营者的共同努力，最终运抵俄罗斯及荷兰、英国等欧洲国家。茶叶作为一种保健饮料，17 世纪传入荷兰，并迅速成为上流社会的时尚饮品。此后又从荷兰传入英国，斯图亚特王朝时期饮茶俨然成为英国宫廷生活的一部分。18 世纪饮茶风靡英国，进而演变为一种社交手段，并衍生出下午茶习俗。茶叶经蒙古传至俄国后，18 世纪末饮茶之风遍及社会各阶层，茶叶纳入居民生活必需品之列。俄国人在茶水中加入糖、柠檬、牛奶、乳皮、香草等辅料，形成了独特的俄罗斯茶道。在中国茶叶向北、向西输出的同时，17 世纪中叶，茶叶伴随欧洲移民传播到美洲大陆。18 世纪北美出现牛乳和乳酪掺入茶叶饮用的习俗，美国则产生了特有的冰茶文化。中国的饮茶习俗和茶道、茶艺传播到世界各地后，逐渐融入当地生产生活习俗乃至文学艺术、礼仪制度之中，淋漓尽致地展现出浪漫的休闲情怀、精致的生活态度，大大提升了人们的生活品位。通过万里茶道，中国古老的文化传入欧洲，欧洲工业文明成果也进入中国，达到了互通有无、合作共赢的效果。无疑，茶叶长期扮演着跨越亚欧大陆的文化使者的角色。

◎福建武夷山下梅村邹氏祠堂 李艳阳 摄

习近平主席创造性地提出“一带一路”倡议，“和平合作、开放包容、互学互鉴、互利共赢”的丝路精神得以赓续和发扬光大。如今，随着世界各国着力推进“一带一路”建设，万里茶道又以新的、更高级的形式——中、蒙、俄三国经济走廊，继续发挥作用。这既是历史的延续，也是新时代的发展和创新；不仅是新经济合作范式和地缘政治的需要，更是文化交流和文明互鉴的需要。中国茶文化“和合天下”的精神实质将在推动人类和平和谐发展中凸显独特魅力。小小茶叶，始终散发着文明交流互鉴的芬芳。

构建人类命运共同体背景下的申遗之路

万里茶道最初以“茶叶之路”“万里茶路”等名称出现，如美国作家艾梅霞所著的《茶叶之路》，我国作家邓九刚所著的《茶叶之路：欧亚商道兴衰三百年》等。2012 年 6 月，万里茶路文化遗产保护研讨会在湖北赤壁市召开，就相关问题进行研讨，并通过了《万里茶路文化遗产保护赤壁宣言》，从此开启了万里茶路文化遗产保护省际合作模式。2013 年 3 月，习近平主席在莫斯科国际关系学院所做的《顺应时代前进潮流 促进世界和平发展》演讲中指出，万里茶道是连通中俄两国的“世纪动脉”。这有力推动了万里茶道申遗工作。

2013 年 9 月，第二届万里茶道与城市发展中、蒙、俄市长峰会在内蒙古二连浩特市召开，来自中、蒙、俄三国万里茶道沿线 31 个城市的代表参加市长圆桌会议，并签署沿线城市旅游合作协议和共同申遗倡议书，达成“万里茶道是珍贵的世界文化遗产”的共识，联合申遗工作提上议事日程。同年同月，由河南省文物局、南阳市人民政府主办的中国万里茶路文化遗产保护研讨会召开，形成并通过万里茶路文化遗产保护利用的《赊店共识》。同年 12 月，湖北省农业厅、武汉市人民政府共同举办重走万里茶道启动仪式暨“东方茶港”“中俄万里茶道”起点立碑揭幕仪式，确立了武汉在万里茶道上的历史与现实地位，为其作为牵头城市承担申报世界遗产打下基础。

2014 年 3 月，由中华文化促进会主导发起的万里茶道协作体在北京成立，成为推动申遗工作的重要民间组织。同年 5 月，万里茶道文化遗产保护利用座谈会在福建武夷山市召开；6 月，随着中国大运河成功申报世界遗产，文化线路遗产引发国内广泛关注，进一步推动了万里茶道联合申遗工作。

2015 年至 2018 年，湖北省文物局牵头建立包括福建、江西、湖南、湖北、河南、山西、河北、内蒙古等 8 省区协调机制，组织专家考察万里茶道遗产点，撰写申遗文本，并建立起与蒙古国、俄罗斯联合申遗的沟通机制。

2019 年 3 月，国家文物局正式将万里茶道列入《中国世界文化遗产预备名单》，申遗工作取得阶段性成果。

万里茶道作为文化线路遗产连通了中、蒙、俄三国，是沿线各国人民价值观念、精神追求和文化认同的体现，也是推动构建人类命运共同体的重要载体。万里茶道申遗，符合打造文化交流互鉴平台的现实需要，顺应了和平发展、合作共赢的时代潮流。随着万里茶道申遗工作的推进，将进一步增进中国与蒙古国、俄罗斯等国家的传统友谊。万里茶道成为新时代中国与周边国家和地区共同发展的新纽带。

万里茶道在 21 世纪有了新的时代内涵。2014 年 9 月中、蒙、俄三国元首会晤时，习近平主席提出：“我们可以把‘丝绸之路经济带’同俄罗斯跨欧亚大铁路、蒙古国草原之路倡议进行对接，打造中、蒙、俄经济走廊，加强铁路、公路等互联互通建设，推进通关和运输便利化，促进过境运输合作。”在“一带一路”建设背景下，俄罗斯日益注重对西伯利亚以及远东的开发，其境内的“茶叶之路”也被视为俄罗斯整体发展振兴不可或缺的部分。中国的丝绸之路经济带与俄罗斯的跨欧亚大通道建设这两大战略成功对接，为中俄全面战略协作伙伴关系增添了新动力，为两国经济发展注入了新活力，必将实现优势互补，造福两国人民。

万里茶道联合申遗是建设中、蒙、俄文化廊道的标志性文化工程，沿线节点城市正在抓住申遗机会，拓展与茶叶相关遗址的内涵与外延，搜集与茶叶贸易相关的历史档案等，尽可能保持其原汁原味，为珍贵文化遗产提供更好保护并进一步增强民众保护意识。这项工作不仅是三国协作保护历史文化遗产的有益探索，更是深化“一带一路”建设的具体实践，对进一步提高中国的国际影响力，促进中国茶文化和茶产业的传承发展，使内蒙古、河北、山西、河南、湖北、湖南、江西、福建等沿线省区不断融入“一带一路”建设具有重要的现实意义。

从“和而不同”“天下大同”到“人类命运共同体”，茶叶和茶文化虽然起源于中国，但是她属于世界，属于全人类。茶叶是基于命运共同体的重要文化载体，超越了地域、民族、国家范畴，跨越了不同时代。万里茶道联合申遗工作正在进一步凝聚沿线各方的力量和智慧，更加有效地促进合作共赢，不断推动人类命运共同体构建。

（原载《中国民族》2021 年第 7 期）

◎敦煌莫高窟外景　敦煌研究院提供

敦煌莫高窟

丝绸之路上的璀璨明珠

彭晓静（敦煌研究院副研究馆员）

作为我国著名的石窟和世界上现存规模最宏大、保存最完好的佛教艺术宝库，敦煌莫高窟处于甘肃敦煌鸣沙山和三危山的怀抱之中。

公元 366 年，僧人乐僔行至敦煌，见鸣沙山上金光万道，状似千佛，于是萌发开窟之心。此后历代修建不止，遂成佛教圣地，号为“敦煌莫高窟”，俗称千佛洞。6.5 千米长的鸣沙山岩壁上密密麻麻地镶嵌着 492 个洞窟，里边布满了 2000 多座彩塑佛像和以佛教故事为题材的壁画。被唐朝人赞誉为“天衣飞扬，满壁风动”的“飞天”图案，就是敦煌壁画的标志和象征。

时光飞逝，敦煌莫高窟宛如丝绸之路上的一颗璀璨明珠，至今熠熠生辉、光彩夺目。

◎敦煌第 15 窟壁画 飞天伎乐 敦煌研究院提供

中外文化汇聚的炫美舞台

学者季羡林先生曾说："敦煌文化的灿烂，正是世界各族文化精粹的融合，也是中华文明几千年源远流长不断融会贯通的典范。"作为多种文明长期交流交融的结晶，1000 多年来，敦煌莫高窟以中华文明为根基，传承中华优秀传统文化，不断吸纳来自古印度、波斯、希腊和中亚等地的文明成果，最终成为举世瞩目、特色鲜明的文化景观，被视为我国各民族共享的中华文化符号。

敦煌地处丝绸之路的咽喉地带，既是古代沟通东西方的国际贸易重地，也是南北往来各民族交往交流交融的枢纽，享有"华戎所交一都会"之美称。在敦煌石窟和文献中，保存了许多体现多元文化交融内容的珍贵资料。比如敦煌艺术的典型代表"飞天"，即起源于印度教吠陀诸神中的天女。佛教造像产生后，随着佛教的传播，"飞天"经由南亚、中

©莫高窟九层楼　敦煌研究院提供

亚从新疆地区传入敦煌，并不断与本土文化艺术相融合，形成别具特色的飞天。敦煌飞天既不同于印度飞天靠双脚行走，也不同于阿富汗巴米扬飞天靠两肩的翅膀飞行，而是借由飘带在空中自由驰骋。而这一形象的诞生与敦煌本地深厚的汉晋文化传统息息相关：道教的飞仙、羽人形体上表现较为婉约，虽为人形，但主要通过宽长的羽衣和飘带的动态来表现飞翔。古人将这一手法与飞仙形象结合，用于描绘佛教的飞天，进而完成了印度飞天艺术的中国化。

敦煌文化的主流为中原文化，但敦煌文献中也保留了大量各种文化类型的内容。除印度佛教及其艺术的影响外，具有波斯艺术特色的连珠纹、对鸟对兽纹在敦煌壁画中也非常流行，在隋代洞窟中更是随处可见；壁画人物头饰“三面宝冠”上装饰的月形、日月形饰物题材，来源于萨珊波斯；莫高窟砖雕上的莲花纹莲心的外围所饰连珠纹亦复如是。连珠纹、对鸟对兽纹作为波斯艺术之典型代表，后来东传中亚为粟特人所接受，成为粟特艺术常见的表现形式。随着粟特人大量入华，又将这种风格携至中原地区，直到 9 至 10 世纪仍在流行。

诸多不同类型的历史文化遗存，启迪我们去认识敦煌文化内涵的博大精深。相当长时期内，佛教在古代敦煌宗教文化中占据着重要地位。佛教文化的昌盛，不仅体现为中国大乘佛教各个主要宗派的相互促进、发展，传译和抄写佛经、开窟造像和举行法会等的频繁及规模的宏大，也体现在古代敦煌人的日常生活、岁时节庆和娱乐活动中。同时，道教作为土生土长的中国宗教，以其特有的多神崇拜根植于古代敦煌。其他外来宗教诸如袄教、摩尼教、景教和伊斯兰教等，也先后在敦煌文化圈内传播。这表明，不同文化的和谐共存在敦煌普遍而寻常。

敦煌石窟几乎窟窟皆有乐舞形象，壁壁尽是曼妙舞姿。图像与文献互为印证，为世人了解中国古代音乐舞蹈的流变提供了生动翔实的资料。其所表现的音乐内容，展示出从早期对印度及西域音乐风格的模仿，到隋唐以后中原音乐风格逐步形成的历程。舞蹈也经历了类似过程。早期中原舞蹈包含较多印度以及西域、北方游牧民族的元素，随后在融合多民族舞蹈文化的基础上，其题材、类型不断丰富，形成气势如虹的舞蹈新风尚，进而迎来了大唐盛世舞蹈艺术的黄金时代。

敦煌壁画艺术尽显兼容并包、自信创新的恢宏气度。除了丰富的题材，还在绘制上积极汲取当时最先进的技法和理念，于线条、色彩的腾转挪移中紧扣时代脉搏，深含经义意蕴，这都令敦煌画作美不胜收。中国传统神话画、佛像画、佛经故事画、佛教史迹故事画、经变画、供养人画像、装饰图案画……一幅幅都在生动演绎着敦煌的前世今生。在魏晋隋唐时期中原画家作品大都失传的当今，敦煌壁画成为我们了解中古时代中国绘画史的重要依据。南北朝时期，传自西域的画法逐渐被中原画家吸收。如北齐画家曹仲达画人物衣纹“稠叠如出水之状”，被称为“曹衣出水”；南朝张僧繇曾采用“凹凸法”在南京一乘寺绘制壁画。而曹、张的画法正是传自印度和西域。这些画法在敦煌早期壁画中十分流行，如北凉第 275 窟、北魏第 254 窟等壁画中，描绘人物通常沿人体轮廓线用重色晕染，中央部位较淡，体现出立体感。该技法与印度阿旃陀石窟第 2 窟、第 17 窟等窟中的壁画人物完全一致，表明其源自印度画法。在新疆克孜尔石窟中同样采用了此技法，又称“西域式晕染法”。

敦煌文化就是这样一种在特定历史时期、特定地域范围，在文明交流中形成、在思想交汇中升华、在智慧交融中创新而来的，有着完整生命、独立价值、主体性存在的文化类型和文明样式。敦煌文化不仅仅表现

◎莫高窟第 257 窟　九色鹿本生
敦煌研究院提供

为一个个遗址遗迹、一件件古籍文物，更表现为其千百年来形成的独特的艺术表达方式。她内在于历史上敦煌及河西走廊各族民众的心灵深处，并影响着他们的行为方式和基本生存模式；敦煌文化也不仅仅是一种客观的物质存在，更是一种思想实践，是在长期生活实践中培育和塑造出的精神。她不仅在当时影响广泛、意义重大，在当代亦弥足珍贵、光芒四射。

民族交融的华彩乐章

“世界上历史悠久、地域广阔、自成体系、影响深远的文化体系只有四个：中国、印度、希腊、伊斯兰，再没有第五个；而这四个文化体系汇流的地方只有一个，就是中国的敦煌和新疆地区，再没有第二个。”诚如季羡林先生所言，敦煌无疑是东西交通的喉襟和具有世界意义的文化汇流之地。

早在西汉于河西“列四郡，据两关”时，出敦煌往西域就有南北二道。丝绸之路的开拓，使敦煌成为中国历史上率先对外开放的地区之一，成为中原与西域以及东西方经济文化交流的重镇。至隋唐盛世，丝路交流更加通畅。东西方文明的荟萃和滋养，使敦煌的经济文化空前繁盛。卷帙浩繁的敦煌遗书和异彩纷呈的敦煌壁画，就是对此最生动的反映。

敦煌文化以中原文化为主导，又融入了来自西域、青藏、蒙古等地区以及中亚、西亚各国的文化，呈现出博大的开放性和包容性。如粟特文化即对古代敦煌文化的形成和发展有深刻影响，这主要体现在习俗、服饰、饮食、乐舞、婚丧等以及画塑艺术中。早在先秦至秦汉时期，敦煌及其周边区域就生活过多种民族，主要有羌、塞种、允戎、月氏、乌孙和匈奴等。汉代以后，敦煌成为历朝经营西域的大本营，又有鲜卑、吐谷浑、吐蕃、粟特等繁衍生息于此。

敦煌文献中有大量非汉文文献，许多是已经消失的“死语言”。它们与汉文文献的存在以及多种宗教的共生共荣，充分展示了敦煌文化的自信、开放和包容并蓄。博大精深的敦煌文化，是中华文化发展的必然结果。

近代以来在莫高窟藏经洞、北区石窟、土地庙等处发现了大量写本与刻本，计有 6 万余件，现分藏于伦敦大英图书馆、巴黎法国国立图书馆、圣彼得堡俄罗斯科学院东方写本研究所以及中国、日本、韩国、印度等各国的收藏和研究机构中。这些文献以汉文为主，也有吐蕃文（古藏文）写卷万余件，另有突厥文、龟兹文、焉耆文、回鹘文、于阗文、西夏文、回鹘式蒙古文、八思巴文等，此外还有用佉卢文、梵文、粟特文、钵罗婆文（中古波斯文）、摩尼文、叙利亚文、希伯来文等外来文字书写的文献。

祆教在敦煌的传播及其与敦煌本土文化的合流，也是一个特别有意思的文化现象。赛祆，即魏晋时期从萨珊波斯传入中国的祈赛祆神民俗。由敦煌遗书可知，唐代敦煌城东专门建有安置粟特人的聚落——安城及从化乡，其中大部分居民来自中亚昭武九姓王国。安城中建有祆庙，规模颇大，专门供奉祆神，并且祆祠赛神还被纳入到敦煌当地的传统祭祀习俗之中。

在莫高窟壁画和彩塑中，也留下了极为丰富的古代东西方服饰史料。除传统的中原汉服外，还有西北地区各民族以及来自中亚、西亚、印度等的衣装。这些服饰因来自不同的国家、地区和民族而各具特色，真实地再现了当时各阶层的僧俗人众在敦煌的形象。

◎榆林窟第19窟　凉国夫人及长女延鼐供养像　敦煌研究院提供

◎莫高窟第98窟　回鹘天公主像　敦煌研究院提供

作为国际性都市，敦煌饮食具有浓郁的汉食胡风特色，来自西域以及中亚、西亚等地的食物大量融入当地饮食风俗。仅敦煌遗书中出现的食物名称就达60多种，其中源于“胡食”的有很多，如胡饼、炉饼、饸饼、胡桃、胡枣、安石榴、大食瓜、诃梨勒、胡酒等，不一而足。至于炊具、餐具，也有不少是从“胡地”传入的，如金叵罗、注瓶、垒子、犀角杯、珊瑚勺等。饮食礼仪中的胡跪、垂腿坐、列坐而食等，亦是深受胡风影响的体现。

来自西域及中亚的胡旋舞、胡腾舞、柘枝舞等，在唐代敦煌等地风靡一时。这种矫健、明快、活泼、飞旋的舞姿，与当时开放、向上的时代精神非常吻合。乐舞表演离不开乐器伴奏，敦煌壁画中常见的乐器琵琶、五弦、胡琴、阮、腰鼓、羯鼓、笙、竽、筝、角、箜篌、方响、排箫、拍板、钹、铙等，也多源于西域及中亚。

敦煌文化的多元性，体现在其不但包含中国古代不同民族文化（如月氏、乌孙、匈奴、吐蕃、回鹘、突厥、蒙古等）的元素，而且还包含外来文化（如印度、波斯、粟特、希腊、中亚、日本、高丽诸国文化与西亚文化）的元素。这既是敦煌文化独具特色的个性所在，也真正体现出了敦煌文化的特质。来自中原的文化与来自其他国家和地区的各种文化，在敦煌和谐相处、水乳交融，取长补短、共同发展，最终融合成为堪称中华文化经典的敦煌文化。这是长期以来各民族交往交流交融，同时又与各种外来文化互相融合而逐步生成的，是中华文明多元一体最具代表性的生动例证。

讲好敦煌故事　传播好中国声音

2019 年 8 月，在甘肃考察的习近平总书记来到全国重点文物保护单位敦煌莫高窟，了解莫高窟保护和研究情况，走进洞窟实地察看历史悠久的彩塑、壁画，并同有关专家、学者和文化单位代表座谈。总书记强调，敦煌文化展示了中华民族的文化自信，只有充满自信的文明，才能在保持自己特色的同时包容、借鉴、吸收各种不同文明。我们要铸就中华文化新辉煌，就要以更加博大的胸怀，更加广泛地开展同各国的文化交流，更加积极主动地学习借鉴世界一切优秀文明成果。研究和弘扬敦煌文化，既要深入挖掘敦煌文化和历史遗存背后蕴含的哲学思想、人文精神、价值理念、道德规范等，推动中华优秀传统文化创造性转化、创新性发展，更要揭示蕴含其中的中华民族的文化精神、文化胸怀和文化自信。要加强对国粹传承和非物质文化遗产保护的支持和扶持，加强对少数民族历史文化的研究，铸牢中华民族共同体意识。习近平总书记的重要讲话精神，为我们深入研究好敦煌、讲好敦煌故事、传播好中国声音，提供了根本遵循。

◎莫高窟第323窟 张骞出使西域图 敦煌研究院提供

河西走廊的最西端，无垠的戈壁大漠与星星点点的绿洲交相辉映，连接起东西交往的要道，敦煌就居于其中心点。丝绸之路沿线的大量遗址、遗迹是曾经辉煌灿烂的印迹，更是中外文明交流融合的见证。

中古时代，敦煌名人辈出。这些扎根西陲的人们，逐渐形成世家大族。敦煌大族虽多以军功起家，但都是注重儒学修习、经学传家的真正的儒家世族。在某种程度上，也是由于他们的缘故，在多元文化环境的影响下，敦煌完美地实现了中原文化与其他各种文化的融合、升华。

敦煌是幸运的。1000多年来，敦煌文化从未间断。将这千年时光连接起来的，是中华文明繁盛的汉、唐时代。汉唐文明的精华汇聚于此，其根脉亦深深地扎入敦煌大地。这既有佛教艺术巧夺天工等外在表征，也有藏经洞的神奇深厚等。文化的繁荣使得敦煌有了底蕴、有了自信、有了希望，如果没有千年的历史传承，敦煌的辉煌灿烂如何创造？没有文化自信的时代，不可能造就出如此兼容并蓄、博大精深的文明。

敦煌并非丝绸之路上唯一的明珠，丝绸之路是一串明珠的组合，如武威、张掖、酒泉、瓜州、天水、庆阳、平凉等，皆为明珠。石窟亦是如此，中国不只有一个莫高窟，还有榆林窟、西千佛洞、马蹄寺石窟、炳灵寺石窟、麦积山石窟、克孜尔石窟等。曾有诸多灿烂辉煌的文化艺术在历史长河中湮灭，而敦煌由于机缘巧合，为中国乃至全人类保存下如此精美绝伦的瑰宝，使之成为丝绸之路上最璀璨的明珠。

敦煌石窟艺术最初的风格，更多地源自印度、贵霜、希腊。随着佛教的东传，石窟艺术渐渐有了西域风格、凉州模式。北魏将大批北凉僧人、工匠迁徙到平城（今山西大同市），造就了云冈石窟。随着孝文帝迁都洛阳以及后来隋唐王朝定都长安，进入中原的佛教艺术慢慢被中华文化、中原风格所浸染和改造，洛阳和长安也由此成为集大成者。与佛教艺术风格东渐形成对比的，就是中原风格的西向回传，而诸种风格汇聚的地方便在敦煌。

作为国际汉学研究的交叉学科，敦煌学具有跨民族、跨语言、跨文化等性质。西方诸国的汉学家，无论从事语言文献研究还是从事艺术研究，

◎莫高窟第158窟 释迦涅槃像
敦煌研究院提供

多与敦煌学交叉，敦煌学对他们认知东方有着不可替代的重要作用。敦煌在中国，敦煌学在全世界，并已成为国际汉学研究中的“显学”“绝学”。

敦煌的文化价值是突出的，敦煌的标本意义是鲜明的。讲好敦煌故事，通过敦煌文化、敦煌艺术、敦煌精神去传播中国声音，向世界展现一个真实、立体、全面的中国，进而不断提高国家文化软实力，在当今意义尤其重大。

敦煌自古就是一个多民族聚居的家园，各民族在此长期和睦相处、和衷共济、和谐发展，共同塑造了丰富多彩、绚烂多姿的文化。这也正是如今以敦煌为代表的丝绸之路沿线广泛分布各民族历史文化遗存的原因。莫高窟给我们留下了图像和物象证据，既是我国多民族大家庭的一个侧影，也是人类命运共同体的大合影：中原人、吐蕃人、于阗人、回鹘人、西夏人以及西亚人、中亚人……各种各样的人物形象，至今仍和谐安静地伫立于壁画塑像之中。岁月变迁，时光流转，虔诚的吐蕃王子、奔走的粟特商人、美艳的回鹘公主乃至忙碌的侍女、耕作的农夫、嬉闹的儿童，转瞬千年，风采依旧。

千百年来，敦煌以及丝绸之路上上演着一幕幕大戏。当今的交通条件，可以让我们日行千里万里，而我们的那些先民们，却只能用脚步丈量大地。任何艰难险阻，都挡不住他们的前行。凭借着汗水与智慧，他们奔波于漫漫丝绸之路，穿梭于大城小邑、乡村集市。他们的迁徙、流动带来了丝绸之路的繁荣，更促进了各民族的交往交流交融。直至当今，这场大戏还在有声有色、浓墨重彩地上演。

读懂敦煌，读懂丝绸之路，就能懂得在幅员辽阔、历史悠久的伟大祖国的土地上，各民族先民于漫长岁月中如何共同推进建设文化灿烂、凝聚力强大的中华民族共同体。中华文明诞生伊始就不是一个封闭体系，丝绸之路更是极大地推动了各种文化的交流交融。这种交流交融，对于塑造中华文明的基本面貌有着极其重要的作用。

敦煌文化既是中华优秀传统文化的杰出代表，又是具有世界意义的人类文明交流互鉴和多元融合的东方典范。传承和弘扬敦煌文化的精神传统，不仅要研究历史问题，更要面对现实需求，让敦煌文化的精神融入现实世界。敦煌文化崇德唯美、包容开放、向善守正、通而不统、和谐共生的特质，以及坚守、奉献、尚和合、求大同的时代价值，为构建新时代中国特色社会主义文化提供了坚实支撑。历史上佛教、道教及外来宗教如祆教、摩尼教、景教和伊斯兰教等在敦煌和谐共存，其所体现的包容性、开放性为当代东西方不同文明交流与对话提供了历史借鉴。敦煌文化记录了中华民族辉煌的过去，传承了中华优秀传统文化的基因，集中展现了中华民族的文化精神、文化胸怀和文化自信，为我们铸就中华文化新辉煌提供了宝贵的精神资源和强大的精神支撑。如今，敦煌文化已逐渐成为推进民心相通、服务共建“一带一路”的重要载体，其所蕴含的交流、理解、合作、包容、共赢等构建人类命运共同体所必需的文化共识，得到了世界范围的广泛回应。

“周虽旧邦，其命维新。”不断吸纳优秀文明成果，不断赋予传统文化新的时代内涵，是敦煌文化精神的价值所在。我们不仅要把敦煌的辉煌历史和灿烂文化研究好、阐释好，更要从历史走向现实，立足时代需求，不忘本来、吸收外来、面向未来，对绵延千年的敦煌文化进行创造性转化和创新性发展，使其焕发恒久魅力，充分发挥其时代价值，不断增强生命力和影响力。

黄沙漫漫，亘古荒漠。历经千年的风雨洗礼，古丝绸之路的驼铃声悄然湮没于历史尘埃中，但仍有人在勇毅坚守，只为留存敦煌最美的容颜。鸣沙山上一尊尊庄严的塑像、一座座精美的洞窟、一铺铺生动的壁画，无不展现着先民殷殷的虔诚之心。初心给了我们成长的内在力量，就如同常书鸿、段文杰、樊锦诗等老一辈敦煌人所秉持的热爱之心、坚持之心、奉献之心。正是这份使命，积淀成了弥足珍贵的坚守大漠、甘于奉献、勇于担当、开拓进取的“莫高精神”，成为七十载薪火相传、生生不息的源泉和动力。“莫高精神”，是一种自信，更是一种对历史文化的挚爱

◎莫高窟第 112 窟 反弹琵琶 敦煌研究院提供

与信仰。敦煌研究院老一辈奋斗者肩负着从人文层面坚守文化传承及文物保护的重任，“数字丝路”则通过科技赋能文化，让传统文化以更鲜活的姿态融入当下生活，让这种美能够跨越无数代际，成为真正意义上的不朽瑰宝。

如今，我们要深入挖掘敦煌文化和历史遗存中蕴含的哲学思想、人文精神、道德规范等，推动中华优秀传统文化的传承保护和创新交融，就要充分理解敦煌文化的生命体验、表现手法及其与各种文明的碰撞与交融，彰显中华民族的文化精神、文化胸怀和文化自信。

（原载《中国民族》2021 年第 6 期）

◎云冈石窟第 10 窟 降魔成道 源自《云岗石窟全集（卷八）》，青岛出版集团，2017 年

云冈石窟

文化交流融合的瑰宝

李君（山西大学历史文化学院教授）

"何处赴唐第一步？云冈巨佛笑无语。"

云冈石窟，地处今山西省大同市城西的武州山南麓、十里河北岸。石窟依山开凿，东西绵延 1 公里，窟区自东而西依山势分为东、中、西三区，现存主要洞窟 45 个，附属洞窟 209 个；共有佛龛 1100 个，大小石造像 51000 余尊，造像最高 17 米多。这座由北魏皇家主持开凿的石窟寺，集当时全国人力、物力、财力之最，代表了 5—6 世纪佛教艺术的最高成就，与敦煌莫高窟、洛阳龙门石窟并称中国三大石窟，与印度阿旃陀石窟、阿富汗巴米扬石窟合称世界三大石雕艺术宝库。

犹如一部刻在山崖岩石上的史书，作为世界文化遗产的云冈石窟融汇了鲜卑、汉等各民族以及中亚文化的精髓，是北魏文明的绚丽瑰宝，是中华佛教艺术的巅峰之作，是各民族交往交流交融的结晶。

佛教弘扬与平城时代

走进这座距今 1500 多年的佛教艺术宝库，仿佛穿越时空。矗立在面前的佛像，或立或卧，或微笑或沉思，无不动人心魄。每个面对云冈石窟的人，都会被它恢宏的气势所震慑。那么，究竟是谁把这段山崖打造成了一座流光溢彩的艺术殿堂呢？

东汉末年，群雄并起，逐鹿中原，兴起于东北大兴安岭地区嘎仙洞的鲜卑族拓跋部成为漠北最强大的部落联盟。386 年，拓跋珪即位为魏王，号大魏，定都盛乐（今内蒙古和林格尔县北），398 年迁都平城（今山西大同市）。其后，经过三代帝王 40 余年的东征西伐，太武帝拓跋焘于 439 年统一北方，建立了强盛的北魏王朝。从定都平城至 494 年孝文

窟第 31、32 窟及周围洞窟外景 熊娟 摄

帝迁都洛阳，平城时代占据了北魏王朝统治时期的三分之二。以平城为中心的大同盆地，在这百余年里一直是当时我国北方的政治、经济、文化中心，汉、鲜卑等各民族乃至来自中亚各国的人们共同发展了这一地区的农业、牧业、手工业和商业，各种文化碰撞融合、相得益彰。

入主中原后，拓跋珪奉佛教为国教，在北方大规模建寺立庙。他对沙门法果礼遇有加，法果也打破沙门不礼拜皇帝的教规，将其视作“当今如来”。北魏的几代皇帝大都崇尚佛教，从而使平城成为北方佛教中心。后虽北魏历经太武帝灭佛事件，佛法一度停滞，但文成帝即位后立即“复法”。西来僧人很快适应了北魏的政治、社会环境，比如任沙门统的昙曜继承高僧法果、师贤将佛像与帝像合一的传统，于平城西边的

◎云冈石窟第20窟 释迦牟尼坐佛 李君 摄

武州山开窟建寺。在皇室的直接经略下，在礼帝为佛、神化人主思维以及灭佛、西风东渐背景下，云冈石窟集当时北方的人力、物力、财力之最，从洞窟形制、造像题材、服装样式、雕造手法等各方面汲取、改造源自中亚、印度以及我国凉州（今甘肃武威市）等地的石窟艺术，最终形成“云冈模式”。北魏地理学家郦道元在《水经注》中，就记录了云冈石窟的壮观景象：“凿石开山，因岩结构；真容巨壮，世法所希。山堂水殿，烟寺相望；林渊锦镜，缀目新眺。”

文化艺术交流融合的代表

北魏在统一北方之时，特别注重对能工巧匠、文学艺术人才的搜罗、培养，并将其聚集于国都平城一带。439 年，太武帝平定河西北凉，从当地迁徙 3 万余户到平城，其中既有汉人也有胡僧，平城兴建佛寺由此开始。西域诸地高僧也纷纷来到平城，带来西域及印度佛教艺术样式。可以说，当时北方主要的佛教派系和造像力量的精华，都集中到了平城地区。文成帝复法后，任命的道人统师贤就是罽宾人（古代中亚国家）。最早奏请文成帝开凿云冈石窟的昙曜，也来自河西走廊。因此，在云冈石窟的开凿过程中，无论主持者还是工匠，都体现出了多民族各方人士协力共创的特色。这种背景下所完成的艺术品，自然会体现出鲜明的多元化风格乃至“国际范”。比如，很多石窟中的造像以及窟型、装饰手法等具有浓郁的古印度风格。尤其早期开凿的“昙曜五窟”（第 16 至 20 窟）尽管主像分别是按照北魏文成帝、景穆帝、太武帝、明元帝、道武帝的形象来塑造，但这些造像更具西来样式，被称为“胡貌梵像”。其主像皆面部方圆，深目高鼻，双肩齐挺，身着半袒右肩或通肩式袈裟；衣纹则层次鲜明、厚重，犍陀罗风格较为明显，同时佛衣贴体，又有秣菟罗风格的特征。但造像整体的高大、粗犷、健壮又受到拓跋鲜卑游牧民族审美倾向的影响，堪称文化交融的杰出代表。

云冈石窟第 20 窟主尊释迦牟尼佛，是举世闻名的云冈露天大佛。大佛高 13.75 米，法相庄严，气宇轩昂，充满活力。其面形丰圆，宽额广眉，高鼻薄唇，身体壮硕，被西方学界称为“东方美男子”;偏袒右肩，薄衣贴体，尽显犍陀罗造像艺术特征。这尊佛像将拓跋鲜卑剽悍与强劲、宽宏与睿智的民族精神表现得淋漓尽致，给人以心灵的震撼，是云冈石窟雕刻艺术的代表作。

云冈石窟的早期菩萨造像，尚有古印度贵族的装束特点。第 17 窟主尊是云冈最大的交脚弥勒菩萨坐像，他以胸前的龙头缨挂饰为标志，头戴花冠，佩臂钏。第 16 窟主佛尽管也是犍陀罗艺术中的肉髻加水波纹发式，但是脸型瘦长，穿厚重的毡披式袈裟，胸前佩结飘带，显示了从印度以及西域风格向中原风格转变的趋势。第 18 窟北壁主尊左右两侧雕有释迦牟尼的十大弟子像，明显的梵相胡貌。其中保存最好、最为精彩的，是采用近似于圆雕手法雕凿出来的僧人像。其鼻梁高挺、双目深凹、五官立体，胡人的特征明显。总体上看，这些佛像雕刻造型体面分明、线面结合，粗犷浑厚、雄浑大气，体现了中原传统的审美特征以及拓跋鲜卑民族的精神面貌，成为犍陀罗造像艺术东传中国后的巅峰之作。

《后汉书·西域传》提到的“商胡贩客”，是指通过丝绸之路而来的西域乃至中亚等地商人。自东汉以降尤其北朝时期，胡商东来人数剧增，其贸易活动及文化习俗对中原产生了很大影响，是当时中原与西域以及东西方文化交流互动的重要组成部分。他们的身影在云冈石窟中时有出现，例如第 6 窟、第 12 窟、第 16 窟，都以胡商身份客串于佛本行故事中。虽然工匠依照佛经将内容予以表现，但胡商的形象以及商队的组成却是对现实生活的真实再现。有时在两两并肩人物中，必有一个高鼻深目、须发卷曲的胡人，另一个则是地道的中原人形象，反映了胡汉杂处、民族相融的历史事实。

◎云冈石窟第18窟　佛弟子　李君　摄

◎云冈石窟第10窟 须弥山图 李君 摄

随着丝绸之路的通畅，西域及中亚、西亚的乐舞不断传入平城。而作为能歌善舞的游牧民族，拓跋鲜卑不但喜欢观赏乐舞表演，更爱以此自娱，因此乐舞艺术也发展得很快。由此，呈现出中原舞蹈、鲜卑舞蹈和西域乐舞、西凉乐舞、高丽乐舞等多元艺术交融的繁荣景象。这种盛况在同时期的云冈石窟得以再现，并以雕刻的形式固化，使子孙后代仍然能够欣赏到北魏时期的乐舞华章。云冈石窟有 24 个洞窟雕刻乐舞图像内容，包括乐器雕刻 530 余件、28 种，乐队组合 60 余组，其中既有中原汉式琴筝箫笙及鲜卑大角，也有龟兹细腰鼓、五弦，还有西亚系波斯竖箜篌、天竺梵呗。胡风汉韵，兼容并蓄。

再如，细腰鼓在云冈石窟雕刻中有 68 件，同样在新疆克孜尔石窟和甘肃敦煌石窟北凉、北魏、西魏、隋代壁画中都曾有出现。手鼓经丝绸之路传入龟兹，直到如今仍是新疆维吾尔、乌孜别克、塔吉克等民族的传统乐器。克孜尔石窟第 38 窟中绘有手鼓，云冈石窟第 11 窟、第 13 窟也雕刻着两幅手鼓图像。北朝时短颈琵琶由波斯传入中国，云冈石窟有近 50 件琵琶雕刻。五弦与琵琶外形相似，由龟兹传入，云冈石窟造像的几乎所有乐队组合中都有五弦出现。汉代由中亚传入中国的波斯乐器竖箜篌，在云冈石窟中的形制更加多样。

素有“音乐窟”之称的云冈石窟第 12 窟以绚丽多姿的形象，再现了天宫的歌舞升平。佛陀在这壁低眉合掌含笑聆听，众僧在那厢痴迷凝目沉浸其中；乐手怀抱琵琶忘情弹奏，飞天四方扬袖翻飞。真可谓一座洞窟打开，现出一个华美绚丽、神佛共舞的洞天。明窗上方雕刻着 14 位伎乐天，分别手持琵琶、五弦、排箫、横笛、箜篌、腰鼓、束腰鼓、筚篥等乐器，飞天在美妙音乐中翩翩起舞。洞窟顶部雕有 7 位夜叉，分别手持曲颈琵琶、筚篥、束腰鼓、腰鼓、埙等乐器。中间的夜叉扭腰耸胯，双手合十举于头顶，又似整个乐队的指挥，动作连贯、气韵奔放。仅这个窟，就有大小乐器 17 个种类 47 件之多。这些雕像饱满华美、境界宏大，装饰绚烂、色彩浪漫，体现了佛境天国与现实生活的完美结合。其华丽的窟顶，使人联想到游牧民族的帐篷；充满动感的形象，展现了马背上的生活；无所不在的旋律和节奏感，体现着鲜卑族的风情……云冈石窟用雕刻记录了北魏的乐舞艺术，看似无声，却又在岁月变迁中萦绕不绝。

这一时期的音乐融合了我国南北方、西域和中原传统雅乐以及中亚的音乐精华，是各民族文化交融的鲜活例证，堪称中国音乐发展史上的里程碑。特别是与西域音乐的融合，为以歌舞为主要标志的唐代音乐艺术的兴盛奠定了基础。

就这样，无数僧匠在承续古印度恒河流域犍陀罗、秣菟罗时代造像和美学风范的同时，结合我国北方、西域和中原等地区各民族的艺术手法，融汇成独特的造型风格，使云冈石窟成为举世瞩目的世界文化遗产，至今散发着巨大的艺术魅力。

中国佛教艺术的典范

471~494 年，是北魏迁都洛阳以前的孝文帝时期，文明太后冯氏临朝听政，与皇帝共同执政，开创了北魏的鼎盛时代。其间，云冈主要开凿了 12 个大像大窟，除第 3 窟未及完工，分别有第 1 窟、第 2 窟，第 5 窟、第 6 窟，第 7 窟、第 8 窟，第 9 窟、第 10 窟四对双窟，另有第 11、12、13 窟为一组三窟。从 460 年开窟建寺至迁都洛阳前，皇家

◎云冈石窟第6窟 骑象回城 熊娟 摄

经营的所有大窟大像全部完成，历时 40 余年。其间，全面的汉化改革政策得到有力推进，也将北魏推到了繁盛巅峰。这一时期开凿的云冈石窟，彰显着富丽堂皇的太和风格，其主要特点是汉化趋势发展迅速，呈现出内容繁复、雕饰精美的艺术特点。

第 9 窟、第 10 窟这组双窟是云冈石窟中殿堂风味最浓的两个窟，其前殿有列柱开间为一大特色。两窟前殿各有两根露明通顶八角形石柱，柱面各刻 10 层佛龛置于象形、狮形的柱础之上。中晚期塔的样式，已经由印度窣堵波式（覆钵形）变为汉地仿楼阁式方形塔。其柱子也极具异域风格，第 10 窟后室窟门左右两侧的柱子就受到古希腊文化的影响。

在云冈约有 385 个“二佛并坐”龛，几乎每个洞窟都有这种形象。或置于正壁，或在东西两壁及南壁，也有的雕刻于拱门或明窗上。可以说，它们堪称云冈石窟造像的经典。

飞天伎乐造型是云冈舞蹈艺术的升华，多以飘动的帔帛表现力量、速度和情感。它们有的托举莲花，有的手持璎珞，是北魏各民族乐舞艺

◎云冈石窟第 16 窟 释迦牟尼立佛 郭静娜 摄

术大融合的真实写照。第 9 窟后室顶部雕有八身飞天的形象，其中四身为体格健壮、逆发的男性。他们一手叉腰，一手托莲，非常阳刚，再现了北方少数民族男性舞者的形象。另外四身为女性，高发髻，姿态柔软，舞姿动人，身着汉服，展现了女性舞者的娇美形象。相较于同时期敦煌莫高窟的飞天，云冈石窟中的飞天则更具多民族交融的特色。无论服饰还是肢体柔软度，或者雕刻的细节，都更流畅和世俗化。飞天造型不仅是云冈造像艺术的升华，更是北魏时期各民族文化交流融合的艺术再现。

这一时期云冈石窟造像题材内容多样化，还出现了护法天神、伎乐天、供养人行列以及佛本行、本生、因缘和维摩诘故事等，其中乐舞造型开创了炽盛的局面。中期开凿的 12 座大像大窟，除第 3 窟外，其余的全部有伎乐形象，乐器雕刻 24 种，共计 450 余件。天宫伎乐形式，是这一时期展示乐舞内容的最大载体。在文明太后与孝文帝共同执政期间，恢复汉魏礼乐制度，推崇中正雅乐，所以随之在中期石窟始见笙、琴、筝等乐器，乐舞雕刻内容迅速拓展，一改昙曜时期沉寂、冷涩的禅行色彩。窟顶也从穹隆顶发展为汉式宫廷样，有巨大檐柱支撑的前廊，窟顶多有平棋藻井，佛龛雕刻为庑殿顶，金脊饰金翅鸟和鸱吻，处处可见华美。从佛陀造像来看，面容从深目高鼻变为清秀可亲，佛衣从斜袒右肩的袈裟换为褒衣博带的南朝式装束。总之，中期造像绮丽繁复有加，不似早期的雄浑冷清之势，从洞窟形制到造像题材和造型风格都具有明显的汉化特征，是佛教石窟艺术中国化的明证。

孝文帝迁都洛阳，平城作为北都依旧是北魏的佛教故地。从这一年直至 524 年北魏分裂，云冈的中小型石窟从东往西陆续开凿了 200 余座，主要分布在第 20 窟以西，包括第 4 窟、第 14 窟、第 15 窟和第 11 窟以西崖面上的窟龛，系居留平城的中下层官吏及百姓营建。伴随着石窟艺术中国化、世俗化的进程加快，晚期石窟更多地出现了反映民间现实生活的图景。如第 38 窟东壁、北壁有一幅幢倒伎的浮雕图像。在乐队伴奏下，两个人顺着木杆爬到顶端表演杂技，旁边是观看杂技的达官贵人，还有

◎云冈石窟第10窟 二佛并坐及护法夜叉 李君 摄

随从撑着伞。这一浮雕作为北魏民间百戏杂技表演的再现，是云冈石窟雕刻世俗化的体现，也是南北民族文化融合的产物。

在云冈石窟开凿晚期，造像题材多为释迦、多宝或上为弥勒、下为释迦。佛像和菩萨面容消瘦、长颈、肩窄而下削，这种造像属于北魏后期出现的“秀骨清像”艺术形象。这一特征和风格在河南洛阳龙门石窟北魏窟亦有表现，对中国石窟艺术的发展产生了深刻影响。

总之，云冈石窟是多种文化交融产生的伟大艺术，“文化融合”堪称其佛教造像艺术的最大特色，对后世影响极大。继之而起的，如洛阳龙门石窟、太原天龙山石窟、巩县石窟寺、义县万佛堂石窟等，其雕造艺术均肇始于云冈石窟。此后，这些造像艺术还传播到日本、朝鲜，云冈石窟也因此被誉为“东亚佛教艺术的母胎”。

2020 年 5 月，习近平总书记在云冈石窟考察时强调：“要深入挖掘云冈石窟蕴含的各民族交往交流交融的历史内涵，增强中华民族共同体

◎云冈石窟第 12 窟　伎乐天
源自《云岗石窟全集（卷十）》，青岛出版集团，2017 年

意识。”总书记的重要讲话精神，为我们保护、研究云冈石窟指明了方向。

文明因交流而多彩，文明因互鉴而丰富。北魏在各民族文化以及东西方文化的交流与融合中，促成了汉代文明与唐代文明的成功连接。毫无疑问，作为各民族交往交流交融的结晶，云冈石窟是中华优秀传统文化的杰出代表，积淀着中华民族深层的精神力量，展现着中华民族独特的精神标识——“中国由此迈向大唐”！

（原载《中国民族》2021 年第 7 期）

长江瞿塘峡　王正坤 摄

长 江

中华民族的母亲河

段超（中南民族大学副校长、教授）
高元武（中南民族大学民族学与社会学学院博士研究生）

发源于青藏高原唐古拉山脉格拉丹东雪山、全长6300余千米的长江，是我国和亚洲第一长河，也是世界第三大河流，与黄河并称为“中华民族的母亲河”。流域总面积180万平方千米、总人口约6亿的长江，流经我国西、中、东部的11个省级行政区，干流东西跨度大，数百条支流连接南北，最终从吴淞口汇入滔滔东海。

长江流域通江达海、南北融汇，资源丰富、交通发达，是当之无愧的中华文明源头之一。它依次连接青藏—巴蜀—荆楚—吴越四大文化区，又可细分为羌藏、滇黔、巴蜀、荆楚、湖湘、赣皖和吴越等文化地带，丰富多彩的区域文化汇聚成源远流长、博大精深的长江文化。在辽阔的中国大地上，长江与黄河南北并列，两种文化相互依存、彼此交融，成为中华文明的重要组成部分。

江河竞流、凤龙齐舞，炎黄同尊、儒道互补……作为中华文明的重要源头之一，长江数千年来谱写了中华民族的壮丽篇章。

◎长江三峡沿途风光　王正坤 摄

长江文化对中华文明的贡献

在中国古代文化区域中，位于长江中游的湖北和邻近地区主要以江汉平原为中心，新石器时代文化相间分布，以大溪文化、屈家岭文化、石家河文化著称于世，长江下游则以河姆渡、马家浜、崧泽、良渚等文化为代表。李伯谦先生认为，“从旧石器时代到新石器时代，长江流域和黄河流域基本上是同步发展的，大体处在同一发展水平上”。近年来，良渚文化、石家河文化的诸多考古新发现，有助于我们重新认识、评估长江流域在中华文明起源中的地位和作用。

长江文化对中华物质文化的发展做出了巨大贡献。长江流域是世界稻作文明的中心，江西万年仙人洞遗址发现了距今 10000 年左右的栽培

◎长江第一湾 崔永江 摄

◎长江入海口 王正坤 摄

稻植硅石，这是世界上年代最早的栽培稻遗存之一。长江流域也是蚕丝业和苎麻纺织业的起源地，很早就产生了干栏式建筑、有段石锛和生漆利用等。浙江余姚河姆渡遗址则出土了大量的猪、狗、水牛等家畜遗骨以及最早的纺织工具。

从哲学思想史的角度来看，长江流域是中华思想文化的高地。春秋战国时期学派林立，老庄道家学派斯盛于此，后期直接推动了汉代“黄老之治”的形成，儒道互补成为历朝历代治国安邦的重要理念。两宋之际，朱熹继承北宋程颢、程颐的理学思想，程朱理学与陆王心学相互砥砺，同为中华文明天空中耀眼的星座。明清时期，长江流域不仅是王朝赋税所依之区，而且还产生了诸多思想大家。王守仁创立的“阳明心学”与阎若璩、段玉裁、钱大昕等人的乾嘉学派，同为学术思想之炬。梁启超先生点评说，“阳明学派在2000年学术史上确有相当之价值”“乾嘉之考证学几乎独占学界势力”。创立“船山学派”的王夫之、提出经世致用思想的顾炎武，以及从僵化的传统程朱理学中探出一条通幽路径的李贽、黄宗羲等，使长江文化走向繁荣昌盛。

长江流域人才辈出。相传人文始祖炎帝神农氏发明了农业和医药，屈原著《离骚》，陆羽撰《茶经》，王安石创荆公新学，范仲淹首倡“先天下之忧而忧，后天下之乐而乐”的士子节操，毕昇创制胶泥活字印刷术，李时珍写出医学名著《本草纲目》……他们都为中华文化发展立下了不朽功勋。近现代更有仁人志士在国家民族危难之际振奋铁臂，为民族复兴前赴后继。长江流域为中华文明哺育一代又一代英才，正如“长江后浪推前浪”。

长江文化与域外文化的交流是多层次、多维度的，彼此融通表现在器物、制度、思想三个方面。明嘉靖年间，外国传教士来华，自耶稣会圣方济各登陆广东上川始，中华文明与近代西方文明之间的交流日益频繁。利玛窦顺应中国社会风俗，“习华言，易华服，读儒书，从儒教，以博中国人之信用”，同时向国人传授物理天文、数学科技、文化艺术，翻译《几何原本》，拉开西学东渐帷幕。器物制造层面，长江流域的江南制造总局、汉阳铁厂等，引进西洋技术、设备加以利用，在提升中华民族物质生产力方面开始新的尝试。制度方面，张之洞改革书院，创建新学堂，1903 年应诏赴京厘定学堂章程，推出中国第一个近代教育大纲，并先期在湖北施行。上海、苏州等城市出现大量新式行会、同业公会等组织，影响着近代工商业发展。同时，张之洞还于武昌创设了武备等学堂，为中华文明增添了现代新式教育的因子。随着传教士进入、教会医院的产生和发展，长江流域近代医疗卫生制度建设也不断推进。思想层面，上海广学会、江南制造总局翻译馆开始大规模翻译西方书籍，李善兰、华蘅芳等成为中西文化交流卓有成就的前辈。广泛兴起于长江流域的洋务运动开启中华民族“求强”“求富”的新篇章，“中学为体，西学为用”成为那个时代的最强音。随着救亡图存的深入，越来越多的国人沿着长江东流入海，游学国外。1872 年，首批幼童自上海起航赴美留学。

◎三峡之巫峡　王正坤 摄

新文化运动之际，蔡和森、周恩来、邓小平等出国勤工俭学。长江流域各省留日、留美学生人数占全国留学生七八成，这些走出去的“长江人”最终又回归祖国，成为长江流域乃至近代中国社会文化变革的旗手，影响着20世纪中国的发展。1915年9月陈独秀在上海创办《青年杂志》，长江流域和北京等地进步知识分子掀起新文化运动，传播民主与科学，反对封建思想。20世纪初叶，科学社会主义开始在中国传播，上海《新青年》刊发探讨科学社会主义的文章，介绍马克思主义，长江流域出现早期共产主义小组和马克思主义研究组织。1921年，中国共产党在上海成立，中国历史从此进入新纪元。

文化繁荣与经济社会发展总是相辅相成。永嘉衣冠南渡，六朝玄学风盛，佛教日益兴旺，江南“封山固泽”，寺院经济也迅速发展，手工业、商业较北朝更为繁荣。唐代，江南文化繁盛的同时，长江流域出现了“扬（今江苏扬州市）一益（今四川成都市）二”两个商业城市，两地的经济在当时最为发达，无论是精耕细作的农业，还是手工业、商业，都在全国经济版图中显示出举足轻重的地位。唐“国用大半”赋税仰仗江南。宋以后，特别是明清时期，商品性农业发展，商业市镇兴盛，开放度提高，以包买商和雇佣劳动力为标志的资本主义萌芽出现，成为彼时长江流域经济发展的典型特征。尤其是京杭大运河的开通，从“苏湖熟，天下足”到“湖广熟，天下足”，彰显了江南经济的重要性。由此，长江流域成为巩固中华民族多元一体格局、增进中华文化认同的重要力量。

长江文化在与各种文化的交流中成长壮大

边疆民族向中原流动，长江流域的民族向北迁移，中原民族南迁，都加速了长江文化与各民族文化的交流交融。考古证明，长江中游的石家河文化是龙山时代最发达的地方文化之一，但二里头文化的南扩逐步取而代之。巴蜀文化对外传播也是基于人口流动实现的。长江文化一直与中原黄河文化有着交流联系。大约在二里头文化时期，商周文化就已经深入到江汉平原，湖北黄陂盘龙城遗址便是商文化在长江流域传播的有力佐证。商周在长江流域推行分封制，黄河流域的礼乐文化得以全面推广并与长江文化相融合。盘龙城等遗址出土的青铜器、玉器、陶器及相关文物的考古发现表明，南北文化虽各有特点，但相互交融的痕迹已很明显。

秦汉王朝都着力推动边疆和中原一体化。以长江上游的巴蜀为例：秦汉通过政治性移民、军事性移民、灾荒救济移民、垦殖开发移民等促进了民族融合，巴蜀文化面貌大为改观。自秦一统巴蜀至魏晋之际，“蜀学比于齐鲁，巴、汉亦化之”，巴蜀人才辈出，“汉征八士，蜀有四焉”。

◎位于长江上游的重庆　王正坤 摄

民族间相互交融也改变了巴蜀的文化心理，其逐步放弃悬棺葬、船棺葬等，“埋骨桑梓”日益受到重视，文化心理、伦理道德不断趋同，敬宗抚族的儒家伦理成为各民族共同的文化支撑。

三国两晋南北朝，吴国康泰、朱应率船队出使扶南，其历史意义不亚于张骞凿空西域。海上丝绸之路打通了我国与印度、波斯之间的通道，文明交流互鉴更加便利。印度佛教对长江流域文化也颇有影响，东晋义熙元年（405 年）狮子国（今斯里兰卡）前来中国朝贡并赠送玉象，南朝宋文帝元嘉五年（428 年）狮子国又遣使献象牙佛像，波斯于梁武帝大通二年（528 年）“始通江左，献佛牙”。火布、玻璃、珊瑚、金刚石等不断传入长江流域，雕刻、音乐、舞蹈、建筑等文化艺术频繁交流。

元朝实现了中国空前的大一统。蒙古人、色目人因任职、屯戍、镇守等原因，大量迁往长江流域，与当地人交往密切、交错杂居，给江南的传统文化带来新鲜血液。《至顺镇江志》记载了当时镇江地区多民族生活的格局，蒙古人、色目人、汉人及其他民族大杂居小聚居逐步成型，“你中有我，我中有你”。

长江是民族融合的大通道，南北民族在此交汇相融，东西方文化在此互通相济。先秦时期，“苗蛮”、华夏在此汇聚。秦汉之际，华夏南移，百越、“诸蛮”彼此胶漆相依。魏晋南北朝，长江流域不仅有山越、僚、俚等原住民，还有从波斯、天竺、狮子国等外邦前来的客商、使臣。隋唐时期，汉、僚、苗、瑶诸族杂居。继元之蒙古人、色目人等迁徙至长江流域后，更有明清时期“江西填湖广”“湖广填四川”等大规模移民。民族交融是激发文化活力的源泉，也是长江文化多样化的载体。

长江文化属于典型的线型文化，尽管上中下游各有文化区域，但借助其东西的连接功能，文化交流不断深入，各民族长期形成的命运共同体更加牢固。大江大河与高原山脉分割出藏彝、南岭、苗疆、武陵等民族走廊，更有茶马古道、万里茶道等为代表的大动脉，这既是各民族交往的路径，又是多种文化交流的通道。

长江流域的文化极具相通性，即所谓“巴蜀同俗”“楚越同风”。随着各民族交往交流交融的深入，又演变成“巴地习楚风，楚地展巴俗”。楚越虽相距千里，但文化属性也相通。“楚越迢递，相去数千，而于一体之中”，所以自古就有“肝胆楚越也”之说。

广东石峡文化遗址的有段石锛、盘式鼎与清江筑卫城出土物极其相似，石峡文化遗址的穿孔有肩石钺、刻纹大玉琮又与良渚文化遗址出土文物如出一辙。楚文化极具包容性，“抚有蛮夷，以属诸夏”。故有学者指出，楚文化可追溯至祝融时期，楚人携中原文明南下，与南方地区各民族交流融合，在春秋中期形成具有典型楚文化特征的物质文化，其后不断吸纳各民族的优秀文化，动态地丰富着南方地区的文化面貌。足见，楚文化外融诸族以博采众长、内求诸己而独具一格。而楚国对外持续开疆拓土，不仅仅是仰仗武力，更秉其开放兼容的文化。楚国疆土的扩张，客观上促进了区域文化的融合。在这一进程中，楚文化与中原文化、巴蜀文化、濮文化、吴越文化、百越文化等交流交融，极大地丰富了中华文明的内涵。汉之初，淮南王刘安撰《淮南子》，把长江文化中的黄老

◎位于重庆段的长江过江索道 风沉郁 摄

思想推向顶峰。魏晋之际玄学兴起，儒道相兼代替汉初儒道相互对立的局面。唐朝时，兼收诸家的《五经定本》为经学走向全国提供了可能。一言以蔽之，诸文化间相互融通，为长江文化“后浪”推“前浪”提供了不竭的动力。

长江文化与黄河文化相互借鉴，共铸中华文明，二者合为5000多年中华文明的摇篮。

早在新石器时代，长江下游的良渚文化与黄河流域的大汶口文化、龙山文化之间就存在较多文化交融的痕迹。黄河流域的开发早于长江流域，但后期的发展却离不开长江文化的助力。汉王朝虽承秦制，但践行黄老之治，故其政治、经济、文学、艺术的指导思想某种程度上也源于楚文化。

永嘉之乱后，汉魏西晋的黄河儒文化随衣冠士人保存于江南，并与长江文化相融，成为彼时的文化主流。代表华夏的传统文化在江南得到融合发展，并直接促进了北方内迁民族沐浴汉文化的进程。虽然南北之间有正统之争，但这恰恰表明各民族对中华文化的高度认同，进而一起推动了中华民族共同体的建设。

隋大运河的修建，不仅解决了长江、黄河东西走向与商品、财赋南北调运的矛盾，更是南北文化相互交流交融的高速通道。

大力传承与弘扬长江文化

长江是中华民族的摇篮之一，是各民族共享的中华文化符号。中华民族伟大复兴必然包括文化复兴，文化复兴的自信来自中华文明的品格，如崇德重义、革故鼎新、开放融合、海纳百川，这些都包含着长江文化为中华民族做出的贡献。

文化与生态之间的关系问题，很早就引起长江流域古人的注意。“仰以观于天文，俯以察于地理”，“居楚而楚，居越而越，居夏而夏”，这是文明早期先贤对民族文化与生存环境的理解。

2016 年 1 月，习近平总书记站在中华民族永续发展的战略高度指出：“长江拥有独特的生态系统，是我国重要的生态宝库。当前和今后相当长一个时期，要把修复长江生态环境摆在压倒性位置，共抓大保护，不搞大开发。”

进入新时代，建立和谐的长江文化生态，必须以文化和谐及机制创新为榫点，推动长江经济带高质量发展。在理念上，要统筹上中下游文化生态合作共治的理念，以“青山绿水”为引领，注重合作沟通。在治理机制上，要建立全流域的文化生态风险共担、文化生态利益补偿和利益共享机制，形成多元共建的文化生态主体。

各民族交往交流交融，是人类发展进程中永恒的铁律。多民族杂处共居的格局，为长江文化的形成发展奠定了基础。特别是近代以来，长江流域各族人民在争取中华民族独立富强的革命斗争和经济社会建设中守望相助、手足情深，新时代长江经济带的发展必将更好地促进中华民族繁荣发展。于内，进一步完善长江文化交流交融的利益保护机制，抓住长江经济带建设的有利机遇期，巩固和拓展脱贫攻坚成果，全面推进乡村振兴，进一步铸牢中华民族共同体意识；于外，抓住“一带一路”建设的历史机遇，推动长江文化“走出去”，凸显中华文化符号，贡献更多“中国智慧”“中国力量”。

凡有大江大河之地，多有人类文明的诞生，其中必然会孕育文明的精神追求。长江文化精神来自丰富多元的汇聚：位于天府之国的巴蜀，为长江文化注入质朴深沉、厚德载物的品格；以湖湘为中心的荆楚，延续着楚人自强不息、革故鼎新的价值取向，使长江文化拥有与生俱来的开放包容、海纳百川的气象；地处下游的吴越则以其人性勤巧、自古富庶的优势锻造了长江文化儒雅文秀、崇德重义、明理重学的追求……

在漫长的历史进程中，长江和黄河共同挺起了中华文明的脊梁。在

◎重庆东水门大桥与货船 风沉郁 摄

与世界的交流中，长江文化吐故纳新，充满生机活力。在各民族持续交往交流交融中，长江流域各民族形成了你中有我、我中有你，谁也离不开谁的命运共同体。长江文化发展史昭示我们：只有推动各民族广泛交往、全面交流、深度交融，全面推进中华民族共有精神家园建设，铸牢中华民族共同体意识，中华民族才能永续发展。

（原载《中国民族》2021 年第 4 期）

◎奔腾的黄河水　张惠宾 摄

黄 河

一部中华民族的伟大史诗

韩子勇（中国艺术研究院院长，中国工艺美术馆馆长、研究员）

“观乎天文，以察时变；观乎人文，以化成天下。”人是自然之子，自然地理是人类活动的基础。天人关系，在中国文化中是起点也是终极的主题。人类傍水而生、沿河而居，大河文明是文明古国共有的故事模式。但大河不同的特征和个性，又使文明的故事和命运截然不同，需要做一番山河判断。

作为中华文明温床的黄河

黄河是中华文明的温床，是中华民族的母亲河。她孕育、流淌的是一个伟大文明的命运。观察这条河，要放在整个东方文明的大背景下。从采集到农耕、从狩猎到游牧，是早期人类发展的基本线索。在渔猎、采集、游牧向农耕定居的过渡中隐约可见一种转化模式，往往出现在资源条件相对多样的丘陵与平原的交界区域。在中国，这个区域便是黄河冲出的第二级阶梯边缘——晋陕豫交汇之处，亦即黄河中上游平原、丘陵、浅山、峁塬之地。

黄河两岸的先民仿佛跟随着奔涌河水夺路而出、鱼跃龙门，冲出中华大地的第二级阶梯，登场亮相。他们“因陵丘挖穴而处”，筑穴而居，躲风避雨，其所处地理空间逶迤曲折、进退有据，左右逢源、顺势而生。随着原始农业在黄河水滋养的黄土地上稳步发展，先民们逐渐走向宽阔平坦之地，“（黄河水）时至而去，则填淤肥美，民耕田之。或久无害，稍筑室宅，遂成聚落”。人类第一次革命是农业革命，农业革命使“游荡的人”变成“聚落的人”、弱小分散不稳定的群变成集中稳定较大的群，发展出定居模式和复杂社会。哪些地方最适合开辟和拓展农业革命？是河流泛滥所形成的冲积扇平原。早期的刀耕火种，更需要这些节理疏松、易于耕耘的土质。在漫长的地质年代，黄河曾夺淮入海，不断泛滥改道，开合冲撞，源源不断地喷洒沉淀重浊的泥水，塑造了地球上北温带最大的冲积扇平原，为农业革命创造了得天独厚的条件。

黄河为什么有如此之大的塑造力？这要感谢黄土高原。黄土高原曾经是一片汪洋，西起青海日月山，东到河南洛阳，南至陕西秦岭，北到陕北长城，湖面辽阔，面积有如今的 6 个渤海之大，可称其为黄土原湖。大约 1500 万年前，地壳运动使湖盆推升陷落，渐渐形成黄土高原如今的样貌。黄土高原的黄土层厚度普遍达到 50 ~ 80 米，最厚处可达 250 米以上。这么厚的黄土是怎么来的？研究界比较一致的观点是“风成说”。“大风从西北起，云气赤黄，四塞天下。”在距今 300 万至 200 万年前的第四纪冰期，气候干冷，不息的西北长风掳掠黄土高原以西广的阔沙漠和戈壁地区的黄土吹向东南，飘至这片地区，风力减弱，尘埃落定，年复一年，最终形成黄土高原。

“天地玄黄，宇宙洪荒。”千古传诵的《千字文》起首一句，表露了黄河流域先民们基因深处的集体心理积淀。类似的传说，还有女娲抟黄土造人以及黄帝、炎帝在这一带的活动。这一切，就好像是黄河中上游的先民们面对天地懵懵懂懂，目之所见正是迷蒙一片的降尘景象：青黑色的天，黄色的风、黄色的土，黄色的风土。

黄河中上游流域的先民们，最早的时空秩序和底层逻辑是“五行”观念，把天下、把周遭环境、把脚下之地作为观察、沉思、推演的中心与起点。“金、木、水、火、土”的“土”，所对应的首先是黄河中上游区域，是黄土，是天地之中的黄土。这黄土，天地通，正对着天穹中群星拱之的北极星，从而协调四方，璇玑玉衡。五行说出手即是顶天立地的大文章，取象喻理、睃巡天下、思无际涯，最大限度地概括了中华故园的时间、方位、尺度、材料、颜色、结构和样貌。五行相生相克，循

◎天下黄河第一湾 张惠宾 摄

序渐进，求中建极，把中国之“中”、天下之“中”，留给黄色、黄土、黄河中上游这片区域。“宅兹中国”、中原、中庸、中和、大一统……中华先民为自己确定了一个地理和心理的原点、坐标及演化的渊薮，萌发衍生出中华民族的多元一体，形成休戚与共的凝聚力、向心力和命运共同体，成为悬升在中国人心灵世界的“万有引力虹”，成为群己合一、家国同构、和谐团结、爱国主义的坚实基础。

“黄河之水天上来，奔流到海不复回。”中国大地西高东低的三级阶梯，为中华民族登高行远、为黄河母亲提供了巨大势能。咆哮不息的黄河流过黄土高原，深深切入黄土高原表层疏松的土质，携带的大量泥沙使黄河成为一条泥河、一条世界大河中含沙量最多的河，这也可以看作

大河文明中最为深沉的受孕。黄河有着世界大河中最伟大的塑造平原的能力，也是世界大河中性格最为复杂的河，行迹无束、泥水两性，至刚至柔、阴阳合体，集严父慈母于一身。以质朴辽阔的胸怀，繁衍无限、庇佑广大，绝无偏私地穿行于农耕和游牧两翼，养育了最多的农耕民族和游牧民族的子嗣。也如有着众多子女、无暇细顾的母亲那样，绝不溺爱娇惯自己的儿女。黄河是温驯早慧的农耕大河，也是率真野性的游牧大河，以雄浑不羁的冲决涤荡，疾声厉色、挥舞戒尺，考验、锤炼、磨砺，培养儿女们向死而生的勇气、胆识和意志，以及开放、包容、创新的品质和勤劳节俭、从不懈怠的忧患意识。

从黄河身上，中华先民们学到的知识最早、最多，对生命的体悟最深、最透。奔腾不息的黄河，凝滞如塑的黄河，给我们以最初的胎教，也是万世叮咛的老师。中华民族从蒙昧进入文明，茫茫禹迹，画为九州。夏、商、周三代的第一个王，即是“理水”的大禹。大禹是最先读懂黄河的那个人。法国哲学家笛卡尔有句名言——“我思故我在”。最早的中国之思在哪里？在黄河中上游的烟波里。最早的中国之思是什么？是“河图洛书”，是《易经》。“易”字上“日”下“月”，是日月合体、阴阳交泰，是载舟覆舟、危机生机，是生生不息的交往交流交融文明天下。《易经》是阐述天地人世、万象变化的古老经典，上古之人游目骋怀，仰观天文俯察地理、细览品类之盛，近取诸身、远取诸物，究天人之际、通古今之变，以符号和文字总结上古之思。《易经》是中国古代思想的第一缕曙光，也是中国观念的最早范式，塑造了中国人的思维方式，体现了中国人最初的价值选择。

《易经》仿佛是黄河浓缩的影印本，黄色的泥水斑驳漫漶，古奥难析又曲径通幽。没有哪一条大河，比黄河更像《易经》演绎的玄牝之门，万古江河亦是人文巨流。《易经》讲交流变化，一个重要的价值选择和自我设计，就是在双方、多方、全方位的交流中，作为己方的“我”，如何自处、应处在什么位置、遵守什么原则、采取什么行动？子在川上曰:“逝者如斯夫,不舍昼夜。”中国人从黄河水中看见自己,“上善若水”,以水为师,从水的柔弱、活泼、包容、自洁及处其下、乘其势、浩浩汤汤的自然物性中生发无穷智慧。老子说:“知其雄,守其雌,为天下溪。”这样的思想,滋养着中国人爱好和平、谦逊好学、平等待人的品格。

“九曲黄河万里沙,浪淘风簸自天涯。”在中国古人的观念中,“风水”“气数”“时运”是上自帝王、下至黎庶埋于心底、挂在嘴边的词语。中国大地的三级台阶所带来的伟大势能、不息的西北季风和地球板块撞击所创造的黄土高原上,从天而降、永不言败,莽莽写出一笔“几”字的黄河——是风、水、土的杰作,是天作地合,如阴阳,如父母,如伟大的受孕、化育和成长,为中华文明的诞生、壮大提供了大河文明农业革命的最大场域。

以黄河为轴线,向西是丝绸之路,是绿洲、沙漠、雪山、高原、喀喇昆仑;向北是长城、漠北、游牧社会、无尽寒林和冻土带;向南是后来居上、日益富庶的江南亚热带;向东是纵贯南北的大运河和大海的万顷波涛——这个四围如屏、形势完整,内部广袤多样、融会贯通的广大场域,为多元一体的大结构、大体量奠定了自然基础。

历史的温度与精神的结晶

《大唐西域记》描述亚欧所在的赡部洲娑婆世界,西为“宝主”、北为“马主”、南为“象主”、东为“人主”,“南象主则暑湿宜象,西宝主乃临海盈宝,北马主寒劲宜马,东人主和畅多人”。它认为“人主之地,风俗机慧,仁义昭明,冠带右衽,车服有序,安土重迁,务资有类。四主之俗,东方为上。其居室则东辟其户,旦日则东向以拜。人主之地,南面为尊。方俗殊风,斯其大概。至于君臣上下之礼,宪章文轨之仪,

◎位于陕西西安市的护国兴教寺内的唐三藏塔 仵晓中 摄

人主之地无以加也”。在这个“四主”结构中，“人主”之国凿空西域，纳西域文化，开丝绸之路和海上丝绸之路，以通中亚、西亚、地中海、东非，连通“宝主”之国，滋染商业文明、海洋文明；又去天竺取“象主”之经，解“清心释累之训，出离生死之教”，铸儒释道于一体，遂有补全功能、自洽心意之大成。至于“毳帐穹庐，鸟居逐牧”的北方“马主”，以黄河为媒，与“人主”相接相贴，交流、碰撞、融合最烈。秦以后渐有“马秦”之称，与“人主”“马主”为表里结构，生死相依、确为一体。

其实，“人主”之国的文明、历史和民族，也如同一个5000多年生生不息的东方巨人，是有机活体，也有两个心室、两片肺叶、两个肾脏以及不断生长的骨骼、血肉和经络；有它深藏远设的肾气、吐纳呼吸的节奏、喷涌跳动的脉搏；有它聚变裂变、火力最旺、燃烧最早最久最多最激烈的核心区域；有它冶炼、结晶、成型、壮大、秘不示人的原点和坩埚。黄河、黄河文明，就是这样的燧石、光焰和坩埚，最能体现多元一体。

大场域必有大结构，大结构必生大功能，大功能必成大命运。如同太阳，它的引力会俘获一系列行星，它不竭燃烧的高温高热，穿透黑暗、散播光明。多元走向一体，一体吸纳多元。这个多元一体的“体”，是历时形成的，但从地理环境来看，又是先天的共时结构——它从一个诞生于黄河中上游的胚胎，慢慢发育成什么样子，最终能长多大，反复不断地朝哪些方向生长、折断又修复再生，最终出落成形神完备的大模样，则有一种自然而然的、宿命般的共时性。“天命玄鸟，降而生商，宅殷土芒芒。”中华文明是“天命玄鸟”的“卵生”，之所以一次次凤凰涅槃般不断新生、绵延不绝，是因为在她的东西南北有一道道天然屏障，如天造地设的护卫性“蛋壳”，在文明诞生、发展、壮大中起着保护作用。

历史力量的方位、节奏和力道，文明结构的布局、功能和机制，价值体系的开放、创新和熔铸，一次次升华跃进，大道直行、九曲回肠，质朴刚贞、缠绵悱恻，行行复行行，好一曲中华民族多元一体、青春永驻的不朽旋律。重重复重重，多元拱一体。这个多元一体的结构、功能、命运，是重瓣花朵、加量加倍、成双入对，是一遍遍工笔重彩的鸿图华构。我们的农耕文明系统，不仅有万里长城王冠般镶嵌其上的黄河流域，还有华滋繁盛的长江流域、珠江流域；我们的游牧文明系统，不仅有漠南、漠北，还有东胡、西胡；我们不仅有纵贯南北，串起黄河、长江的大运之河，还有凿空西域、横亘东西的玉石之路、丝绸之路、草原之路、茶马古道……它们纵到底、横到边，通其变、成其数，乃是成天地之文、定天下之象的榫卯结构。

文明如水，百川汇流。倔强的黄河，不容分说地冲出几字形的辽阔地域，进入深广稀薄的游牧世界，犹如长弓巨矢，蓄满势能、绷直震荡，一次次发出文明变革的鸣镝。中华文明从一开始就是多元一体的碰撞、交流与竞合。这个多元，可以细列无数，但最重要的历史力量，是农耕集团和游牧集团。中国，包括整个亚欧大陆，一个基本的历史模式就是农耕文明与游牧文明的碰撞、交流与融合。这一点在中国最为明显和突出。这是因为黄河不仅源于游牧的青藏高原，她在一路东流中，南北相顾，

◎陕晋豫三省[illegible]地远眺
仵晓中 摄

沿鄂尔多斯高原，兜了个大圈，串起六盘山、贺兰山、阴山等历史上经典的游牧地带，使南耕北牧更加犬牙交错、毗邻相接。黄河不仅流淌着农耕的血脉，还流淌着游牧的血。她是一条“混血”的河，一条基因复杂的河，她把欧亚大陆东部最成熟、最典型，规模、体量、尺度最庞大的农耕集团和游牧集团牢牢地焊接成一体，从而使这对性格迥异的夫妻，打打闹闹、亲亲爱爱，再也无法分离。

农耕文明和游牧文明的分野，由自然地理规定的生产方式决定。在中国，以400毫米等降水量线为分界线，大致区分了湿润和干旱两个区域，形成农耕生活和游牧生活区域。黄河毅然决然的几字臂，如同母亲，同时养育了农耕与游牧一双儿女。从此，农耕与游牧相生相随、相争相成，“相忘相化，而亦不易以别识之矣”。一部分万里长城大致就在这条400毫米等降水量线上。农耕文明和游牧文明的撞击、交流和融合，使黄河、长城、丝绸之路成为中国历史的“高温区”，成为中国历史大熔炉里火力最旺、受热最多、变化最烈的坩埚的锅底。

中国历史基本的力量结构，与黄河、长城垂直相交，呈现南北方向。

也因为这一点，古代中国历朝历代的都城，多在黄河一线。“天子守国门”，犹如一杆巨秤的秤砣，似乎只有押上中央王朝的最核心的分量，才能最大限度地集中资源、树立决心、应对挑战，从而取得统一、平衡和稳定。大运河的应运而生，正是延长的砣绳、加量的砣重。如果没有后来居上的长江流域农耕力量，这杆巨秤就会倾覆。如果它一时倾覆，退守长江流域，农耕的种子就再次向南播撒，积蓄翻盘和再次平衡的力量。因此，我们看到，正是在黄河、长城、丝绸之路一线，堆垒出中华民族、中华文化的大融合中那些最先、最快、最结实、最美妙的结晶体。

万里长城既是农耕文明的产物，本质上也是由农耕与游牧两种力量共同筑就的。自构筑的那天起，它就成为中华民族大一统的象征。2000多年来，任何人都不可能从认识上割裂万里长城，因而也就无法割裂中华民族。长城对中国人来说，是意志、勇气和力量的标志，象征着中华民族伟大的精神。在近代，西方列强从海上而来，“三千年未有之大变局”使中国的命运跌入谷底。历史力量在沿海一线，开始呈东西方向展开。在这时，黄河、长城一跃而起，瞬间放大为中国人精神的共相。这长河与巨石的两座纪念碑，燃烧出民族精神的最强光焰，《黄河大合唱》《义勇军进行曲》从此成为中华民族的不朽心曲。

如果说农耕和游牧是搅动历史的两条旋臂，丝绸之路则不失时机地为这架轰隆隆的搅拌机增添了一条长臂。这三条旋臂牢牢焊在黄河轴心上，使它的转动更加平稳、均匀和细腻。黄河和丝绸之路、西域，注定难解难分地融合在一起。黄河从何而来？“昆仑之丘……河水出焉。”昆仑是农耕游牧共有的地理和心理的坐标。“河出昆仑”，昆仑之地虚虚实实、云绕雾罩、神行千里、出没不定，一直在草蛇灰线地向西推移。在陆权时代，中华民族的目光是向西的。昆仑地望之谜，不是一般的“地名搬家”，而是观念、信仰、族群、制度、精神、想象，以山为器的成长与远行。昆仑和黄河，这一山一河，成为天下、山河、江山的重重隐喻。昆仑始终保持着与黄河的黏合力，天命所归，它们必须连在一起，有着

◎黄河上的古渡龙门　仵晓中　摄

精神上的息息相通。张骞凿空西域，开拓了中原对西域的认识，再次把昆仑向西推，推至葱岭，同时念兹在兹，不忘把昆仑和黄河连在一起。《史记·大宛列传》记载："汉使穷河源，河源出于阗，其山多玉石，采来，天子案古图书，名河所出山曰昆仑云。"汉武帝时，"河出昆仑"与深信不疑的天命观相一致。《汉书·西域传》记载："其河有两原，一出葱岭山，一出于阗。于阗在南山下，其河北流，与葱岭河合，东注蒲昌海。蒲昌海，一名盐泽者也，去玉门、阳关三百余里，广袤三百里。其水亭居，冬夏不增减，皆以为潜行地下，南出于积石，为中国河云。"在这里，黄河与塔里木河、罗布泊，以及西域的族群和文化连在一起。公元前60年，西汉王朝设西域都护府，将西域正式纳入中央王朝的管辖。历朝历代关于昆仑、关于黄河源的探寻、记载、想象和叙述，同天圆地方，同中心化的空间建构，同天命观、大一统，有着文化上的一致性，拓展着中华文明的尺度，把西域文明纳入一体之中，并通过丝绸之路建构起与世界的联系。穹宇茫茫，河汉渺渺。数千年来，这巨大的、多向度的旋臂，

◎维修中的大禹庙遗址　仵晓中 摄

在漫长的历史岁月里，日夜不息，旋转、吸附、搅动、融合成星云般灿烂的文明体。

从三皇五帝到夏商周，又经历春秋战国，在农耕文明内部、在汉民族的内部，这个中心化组织结构不断升级换代，从由血缘组织起来的封建万邦到归于一统的郡县制，最终在秦汉之际形成稳定的中央集权大一统的天下观，使中国成为世界上最早确立文官制度的国家。正是经历五胡十六国、南北朝的民族和文化的大融合，才有隋唐之际的农耕文明、游牧文明、西域文明、儒释道合为一炉的升华熔铸。胡化、汉化的反复搅拌与发酵，重重累累，不分彼此，汉族天子从身体到文化上的混血，也成为游牧民族的“天可汗”。元朝和清朝，则更进一步整合着这样的秩序。在近代，中华民族、中华文化面临前所未有之大危机，一时之间，也曾手忙脚乱，连最能代表文脉的汉字亦生存废之议。正是中国共产党人，盗天火以照前路，引来马克思主义中国化的源头活水，结合中国实际，不忘初心，砥砺前行，创造性转化与创新性发展，走出一条具有中国特色的革命和建设之路、改革开放和社会主义现代化之路、中华民族伟大复兴之路，中国人的精神世界不断扩容升级，精神面貌越发焕然一新。

中华文明自身的生机、气象和景观，给我们以智慧，给我们以力量。中华文明是大河文明，是黄河、长江一北一南的并辔而行、交替驱动，是空间和时间上的大尺度的文明。文化、文明的生发、演化和壮大，从点滴到汪洋，从涓涓细流到浩浩汤汤，从来不是一成不变、墨守成规的，而是在不舍昼夜、汇聚百川千流和九曲十八弯时的吞纳、容受、净化中的奔流。其间，有“潮平两岸阔”的舒缓从容、静水流深，也有“飞流直下三千尺”的纵身一跃、决绝孤行。因此，才有“大道之行也，天下为公”，才有“老吾老以及人之老，幼吾幼以及人之幼”，才有“己所不欲，勿施于人”，才有“日月之行，若出其中；星汉灿烂，若出其里”的沧海洪波、英雄本色。

在这个过程中，中华文明之所以气韵悠长、连绵不绝，也是由于这个文明的尺度、场域、体量、结构和功能，给她以强大的生命力，使她在各种危难和挑战中拥有足够的韧性，使她很难被扳倒、打败，使她始终保有一口绵绵不绝的元气，向死而生、反败为胜，渡过重重劫难。中华文明之所以青春永驻、长生不老，也是因为这个巨型文明的尺度、场域、体量、结构和功能，使她始终处在内部和外部能量的交换当中，多元多样、相辅相成，大海生巨鲸、高天起鲲鹏。这大尺度、大场域、大体量、大结构、大功能，带来云蒸霞蔚、气象万千的文明大景象。

多民族的大一统，中华民族多元一体，是老祖宗留给我们的一笔重要财富，也是我们国家的一个重要优势。可以说，维系统一是中华民族的精神基因，56 个民族共同构成了你中有我、我中有你、谁也离不开谁的中华民族命运共同体。

抒写中华民族新史诗

黄河文化、长城文化、丝绸之路文化、大运河文化、长江文化、长征精神……这是我们最醒目的文化足迹。辽阔的土地上，悠久的岁月里，这巨大、辉煌、纵横交错的足迹，构成一个大大的“国”字。这是我们民族的标识和徽记，是我们家园的门楣和梁柱，是我们文明结晶的大块堆垒，是我们纵到底、横到边、引以为傲的灿烂文脉、鸿图华构……从北到南，自东至西，横平、竖直、弯折钩，每一笔都光彩万里，每一画都写在血脉灵魂里。

黄河流淌出中华文明最初的身形与气象。在中华文明的发展过程中，黄河流域居于轴心地位。正如习近平总书记指出，“在我国 5000 多年文明史上，黄河流域有 3000 多年是全国政治、经济、文化中心”。黄河流域的文明在唐、宋之前一直处于相对先进的领跑者地位。正是在黄河这个巨大的时空场域之中，文明发展、观念演进、分合治乱、民族融合，波澜壮阔的历史运动造就了不断成熟的文明体，也孕育出伟大的民族精神。

民族精神是一个民族赖以生存与发展的精神支撑。进入新时代，习近平总书记高度概括和科学阐释了中华民族伟大的民族精神，即伟大创造精神、伟大奋斗精神、伟大团结精神、伟大梦想精神，这对于实现中华民族伟大复兴意义重大。

2021 年是中国共产党的百年华诞。“中国产生了共产党，这是开天辟地的大事变”，改变了近代以来中国面临列强瓜分、国破家亡、跌入谷底的悲惨命运。中国共产党以前所未有的远大眼光观察历史与现实，重新发现中国、激活中国，为中国发展找到了空前宽广的战略空间，为扭转近代以来连续沉降的历史轨迹开发出无尽的上升势能。

在近现代中国史上，平静、内向、保守、贫瘠的西北曾经与开放、活跃、进取、富庶的东南形成鲜明对比。东南往往是各种政治力量的首选之地。伟大的先行者孙中山领导的民主革命，主要以南方特别是广州为中心。蒋介石违背孙中山遗志，破坏国共合作，背叛革命，以江浙财阀、官僚买办资产阶级为支撑，建立起南京国民政府。可以说，近代以来，广袤的中国西北处于漫长的沉潜期。中国共产党的成立，打破了这一历史的沉寂。第二次国内革命战争时期，毛泽东就从国际国内形势出发，确立了工农联盟、工农武装割据、农村包围城市、在国民党反动派统治力量比较薄弱的边缘区域建立根据地的思想，走出一条中国革命的独特道路。长征中，我们党领导红军纵横捭阖，从东南到西北，从长江流域到黄河流域，一路播撒革命的火种。这条革命红飘带，把广袤的中国串联起来。黄河岸边、陕北高原成为中国革命的转折点，成为中国革命、民族精神和先进文化的高地，吸引着世界的目光。无数进步青年和文化人，突破国民党的重重封锁，跋山涉水来到这里，追求光明、燃烧生命。这片贫瘠、沉寂、压抑的土地，这条凝滞、沉重、呜咽的大河，迎来了从未有过的新生，焕发出前所未有的璀璨光华。中国革命战略主场的转换，使中国的革命和思想文化，在一个更大更完整的时空中展开，古老的黄河迎来新主人，奔涌流淌出中国革命精神的青春力量和先进文化的强盛基因。

伟大的实践创造伟大的文化，伟大的文化催生伟大的实践。《毛泽东选集》四卷共收录 159 篇文章，有 90 多篇写于黄土高原的延安窑洞，占总数的近 58%。毛泽东之所以将执笔著述作为这一时期的核心工作之一，是因为他和全党不仅面对着抗日战争全面爆发的新局势、新任务，而且还在于他下定决心要总结中国共产党自成立以来的经验教训，探索中国革命的正道。正是在这双重动力下，毛泽东殚精竭虑，以如椽之笔，写下中国革命史上最辉煌的系列篇章。这一时期，他写下了《论反对日本帝国主义的策略》《中国革命战争的战略问题》《论持久战》等军事著作，分析战争规律，谋定革命战略，为民族民主革命擘画蓝图。这一时期，他写下了《中国共产党在民族战争中的地位》《统一战线中的独立自主问题》等剖析天下大势的理论杰作，阐明了统一战线思想，为民族民主革命引路导航。这一时期，他写下了《五四运动》《〈共产党人〉发刊词》《在延安文艺座谈会上的讲话》等思想文化名篇，指明革命文艺前途和青年运动方向，激发出了革命文艺的高潮。这一时期，他写下了《新民主主义论》《论联合政府》等系统阐述新民主主义政治、经济、文化的集大成之作,规划革命道路,指引革命航船。这一时期,他写下了《纪念白求恩》《为人民服务》《愚公移山》等悼人纪事的有情之文，生动地传达了共产党人的初心使命，展露了共产党人的襟怀抱负。这一时期，他写下了《改造我们的学习》《整顿党的作风》《反对党八股》等整风文献，改造了党风、文风、学风，使我们党风清气正、蓬勃向上。尤其在这一时期，他更是写下了马克思主义中国化的哲学名篇《矛盾论》《实践论》，抓住“方法论”这个牛鼻子，从根本上解决了中国革命的道路难题。

正是在黄河岸边、在黄土高原，全党最终确立了毛泽东思想的指导地位，确立了实事求是的辩证唯物主义思想路线，使干部在思想上提高一大步，使我们党达到空前的团结，为革命胜利奠定了坚实的组织基础。

其间所产生的抗大精神、白求恩精神、南泥湾精神、张思德精神、劳模精神等，汇聚成光照千秋的延安精神。在延安精神的照耀下，中国道路浮出地表，中国命运豁然开朗。难怪黄炎培等民主人士在延安看到了中国共产党跳出“其兴也勃焉，其亡也忽焉”的历史周期律的希望；难怪南洋华侨领袖陈嘉庚经历延安之行后禁不住感慨万千，发出“中国的希望在延安”的肺腑之言；难怪毛泽东在重庆谈判期间，不无自豪地写下“重庆有官皆墨吏，延安无土不黄金”的诗词金句。正是从这个意义上，我们说黄河两岸的山沟里孕育出了中国的马克思主义，陕北土窑洞里的灯光照亮了中国革命的前程。也正是从这个意义上，我们说中国革命为殖民地半殖民地人民的解放运动提供了典范案例。

历史是有深意的。恰恰是在九曲黄河突破关山桎梏、一跃千里的陕北，毛泽东思想走向成熟，中国革命文化创造了自己的高峰。可以说，

◎山西后土祠上望黄河 张惠宾 摄

◎黄河壶口瀑布　张惠宾　摄

正是由于延安精神的形成，中国的革命精神和革命文化以谱系的方式存在，中国的革命精神和革命文化也如黄河一样，上下贯通、奔涌不已，吐故纳新、开创新境。也恰恰是由于革命精神、革命文化的谱系性存在，特别是由于其灿烂辉煌、生生不已的成果，赋予了黄河文化以新的品格、新的生命。黄河流域文脉深厚，经由延安精神交接、融贯，红船精神、井冈山精神、长征精神等交汇成为滚滚巨流，壮大、涤荡、升华了黄河文化。随着社会主义革命、社会主义建设次第展开，在黄河中游的河南兰考，县委书记的好榜样焦裕禄用自己的实践阐释了全心全意为人民服务的真谛，用生命书写了“焦裕禄精神”；在黄河下游的山东，一代代沂蒙人通过不懈的牺牲和努力，在党的精神谱系中，续写出“沂蒙精神”的新篇章。

文艺走过的是时代之路。历史上，黄河是一部打开的大书，以黄河为书脊，以万里长城、丝绸之路为页面，形成了中国古典文艺史中主题、题材、形式、作品质量和社会影响等方面最早、最多、最大、持续时间最长，也最为辉煌的富集区，书写了最为华美深刻的不朽篇章。这有一个重要的启示，真正伟大的文艺作品，总是更多更好地诞生于历史温度最高、精神结晶最美的“第一现场”，总是与历史文化的基因、与当下的时代精神同频共振。

革命文化是在苦难辉煌的历程中诞生的，因此不仅具有独特的精神内涵，而且具有独特的美学底色。刚健是其重要的美学风格，这种风格在社会主义文艺中表现得淋漓尽致。自中国共产党立足陕北，开创中国革命新境，革命文艺井喷般涌现，其代表首推《黄河大合唱》。历史上吟咏黄河的文艺作品数不胜数，名篇众多，但由于《黄河大合唱》吸纳、提升了包括前辈诗人在内的中华儿女追求独立、民主、自由、富强的心声与意志，因而展现出千古未见之刚健风骨与阔大气象。在这样的歌声和曲调中，我们感受到的不再是哀怨、悲凉，而是奋发振作和斗争崛起。我们感受到的，不再是沉重凝滞的黄河水，而是翻滚而来的钢筋铁骨，一切阻挡的障碍都被击为齑粉。我们仿佛也变成其中的一朵浪花，与整体紧抱在一起，向前、向前。

这种文化浸透着质朴黄土，是人民之诗。在星星之火可以燎原的井冈山上，在二万五千里长征中，在黄土高原创建革命根据地的岁月里……中国共产党扎根人民，吸收蕴藏于大众中的朴素精神，坚持人民立场，创造人民文化。正是人民立场，使历史上不被重视的民歌、木刻、民谣、秧歌、曲艺等朴素的民间文艺形式成为新文艺的重要组成部分，同时也使西方舶来的话剧、歌剧、芭蕾、交响乐等，能迅速为我所用、落地生根、转化创新，一举奠定中国风格、中国特色、中国气派。《东方红》《兄

妹开荒》《白毛女》《小二黑结婚》《黄河大合唱》以及《长征组歌》《创业史》《平凡的世界》……这些震撼灵魂的作品，竟然具有这么朴素的形式。更重要的是，这种革命的新文艺使创造了历史却又曾被历史屏蔽的劳动人民走上舞台中心成为主角。

“实践没有止境，理论创新也没有止境。”以黄河为主题和题材的文艺创作，要想具有史诗品质，还必须架起通往新时代的长桥。习近平总书记指出，“我国作家艺术家应该成为时代风气的先觉者、先行者、先倡者，通过更多有筋骨、有道德、有温度的文艺作品，书写和记录人民的伟大实践、时代的进步要求，彰显信仰之美、崇高之美，弘扬中国精

蜿蜒黄河 仵晓中 摄

◎红军突破黄河“第一湾”封锁线模拟场景　张惠宾　摄

神、凝聚中国力量，鼓舞全国各族人民朝气蓬勃迈向未来”。与以往相比，我们当今所处的时代生活，是在一个更快、更大、更深、更复杂、更辽阔、更激动人心的尺度上展开的，要想从整体上认识、理解她，用全部的心灵情感去体验她，用完美的艺术形式去表现她，有一个更加艰辛的创造过程。当今的文艺工作者，特别是专业文艺工作者，其工作和生活的范围、人生经历和心灵体验，因为专业、行业的局限，与辽阔的社会生活、浩荡的时代洪流多少有点距离。只有横下心、不浮躁，深入生活、扎根人民，不断丰富和提高自己的脚力、眼力、脑力、笔力，板凳甘坐十年冷，扎扎实实架起通往现实和时代的长桥，才能为作品注入强大的时代力量。

打造中华民族新史诗，更是一条从“高原”向“高峰”冲刺的艰难之路。美是艰难的，少走一步，都可能会半途而废。历史上，以黄河为中心的区域，包括长城和丝绸之路，是民族、文明和历史的“高温区”，文化的结晶、民族精神的结晶、文艺作品的结晶最多、最集中。也就是说，在古典时代，这个区域文化和文艺的“高峰”最多。如今，所有想要冲击文艺“高峰”的人们，必须栏杆拍遍，站在前人的肩头，披沥俯察波澜壮阔的现实生活，才能捧出配得上黄河这条伟大河流的精品之作，才能捧出配得上中华民族伟大复兴这一历史进程的心血之作。

（原载《中国民族》2021 年第 4 期）

◎秦岭云海　周庆华 摄

秦 岭

中华民族的祖脉

周庆华（西安建筑科技大学教授）
雷会霞（西安建筑科技大学教授级高级规划师）
薛颖（西安建筑科技大学规划师）

2020年4月，习近平总书记在陕西考察时强调，秦岭和合南北、泽被天下，是我国的中央水塔，是中华民族的祖脉和中华文化的重要象征。总书记这一重要讲话充分彰显了秦岭的崇高地位。

秦岭—大巴山脉在地质学概念上同属一座山脉，也被看作是广义的大秦岭。这一区域涉及陕西、河南、湖北、重庆、四川、甘肃等6个省市，分布着众多自然生态保护区，包括世界自然遗产、世界地质公园、国家公园等，是我国重要的“森林绿肺”和生物基因库。长江、黄河分别流经秦岭山脉南北，水系纵横，源远流长；华山、终南山、武当山、太白山等诸山屹立，声名远扬。

“三千里大秦岭，五千年华夏史。”作为华夏文明发祥的重要文化源地和历史文化基因源地，秦岭与黄河、长江构成“一山两河”的华夏轴心地带。独特的地理和生态环境，使得秦岭山脉孕育了历史悠久且丰富多元的文化类型，影响了我国数千年的文明进程，被尊为“中华父亲山”。

从华夏文明的演进历程来看，远古时期的秦岭山脉就留下了许多古人类遗址和先祖神话遗迹，此后更成为周、秦、汉、唐等王朝共约3000年的政治、经济、文化中心；从中华民族的发展历程来看，历史上这一区域发生过多次民族大迁徙、大融合，各民族的交往交流交融对于中华民族多元一体格局的形成、巩固有着至关重要的作用。

中华文明的根脉与多民族的交融

秦岭山脉是我国最早有古人类活动的地区之一。目前已发现的古人类化石等遗迹，包括距今204万年的巫山猿人、100万年的郧县猿人、115万—70万年的蓝田猿人等10多处。其史前遗址数量众多、时间跨度久远、覆盖面积广阔，形成了较为完整的古人类文化链条，孕育了半坡文化、仰韶文化、龙山文化、大溪文化等新石器时期文明，表明这里是史前人类活动聚集的重要区域，是中华民族生成演进的根脉之地。

自然地理环境与文明的孕育关系紧密，尤其是在生产力低下的远古时期，文明的生长、民族的发展尤其如此。以秦岭山脉为中心腹地，以其南北两侧长江、黄河流域为轴线所形成的广袤地区，正是中华民族及中华文明孕育、生长、壮大的核心区域。正如司马迁《史记·封禅书》所言，“自古以雍州积高，神明之隩，故立畤郊上帝，诸神祠皆聚云”，秦岭山脉长久以来就是我国先祖传说的汇聚之地。从位于陕西蓝田的中华始祖母华胥氏之华胥陵，到甘肃天水的创世神伏羲之伏羲庙，再到陕西宝鸡天台山的神农氏之炎帝陵，众多遗迹神话述说着中华民族和中华文明肇始与初创的远古记忆，也印证了秦岭山脉是当之无愧的中华民族和中华文化发祥地。

公元前1046年，周武王在沣河东岸建立镐京，我国历史进入长达2000年的以长安—洛阳为中心的大秦岭时代。文王承继伏羲八卦，始创周易；周公制礼作乐，普施教化；诗经民风国颂，雅俗共赏……这些传世经典，在西周时期集中出现，奠定了中华文明的基石。春秋战国，秦岭山脉成为游牧民族与农耕民族的交汇区。3000多年前，秦人祖先迁居于甘肃天水一带，在与周边游牧民族长期的交往之中，秦人与羌戎融合共生。秦孝公广纳贤良，博采诸子百家，力主商鞅变法，终由始皇奋六世之余烈一统天下，定都咸阳。至此，秦岭区域被全部纳入秦国版图。秦王朝的建立，文字、货币、度量衡等的统一，得益于当世文明精华的集成。随着北讨匈奴、南平百越战略的推进，国家的统一加快了华夏民族与四方族裔的融合，形成了华夏与周边各民族共生共荣的政治文化基本格局。咸阳立于秦岭之下，秦岭山脉随国威而声名远扬，成为民族文化交融的象征。这一区域不仅为秦王朝的建立提供了重要的资源支撑，更是历经春秋战国逐渐造就了我国早期民族的大融合。

从汉高祖刘邦建立大汉王朝开始，两汉历经“文景之治”“汉武盛世”等，为中华文明的辉煌打下了基础。各民族相互促进发展，使得汉朝成为当时世界的文明高地、秦汉雄风的龙脊。其强大兴盛以及和亲政策的推行、民间杂居、相互通婚等，推动了各民族的交往交流交融。这一时期的民族大融合，涉及北方的匈奴、鲜卑等，南方的诸越、“南蛮”等，西北的氐、羌、月氏等，以及西南地区的蜀、巴、叟等众多民族。

©太白积雪 周庆华

◎陕西汉中湑水河水利遗产——五门堰区域景观 周庆华 摄

作为当时世界上最文明、最富强的国家，西汉开启了丝绸之路，秦岭山脉古道也成为联系南北的重要纽带。佛教在这一时期通过丝绸之路传入中国，秦岭山脉便是佛教文化发展的核心区域。自此至唐，鸠摩罗什、玄奘等都曾在此讲经说法，八大祖庭中的七大祖庭都位于秦岭北麓内外，草堂寺、白马寺、龙门石窟等佛教圣迹在秦岭山脉存续至今。

魏晋南北朝时期，秦岭山脉南北历经三国鼎立、五胡十六国、南北朝等 20 余个地方政权。这也导致众多人口的流动迁徙，加剧了各民族之间的文化交融，客观上推动了又一次民族大融合。

从东汉末年起，大量少数民族迁往中原地区，而部分汉人则迁往周边地区，形成了多民族交错混居的格局。随着西晋政权的瓦解，匈奴、鲜卑、羯、氐、羌等少数民族纷纷建立了地方政权。这一时期，少数民族的诸多习俗流入中原，包括语言、文学、音乐、饮食、服饰等，中原文化不断被注入新的内容。南方地区则随着晋室衣冠南渡，汉族与东南百越开疆拓土，融为一体。北魏结束十六国纷乱的局面，孝文帝全面实行汉化政策，促使各民族的交融达到空前程度。

此后的隋唐一统使这种大融合得到进一步的巩固、升华，为中华盛世的出现和文化繁荣奠定了坚实基础。秦岭山脉见证了这一民族融合与文明演进的重要过程。

作为统一的多民族国家，隋唐王朝面对周边契丹、突厥、回纥、吐谷浑、吐蕃等少数民族政权，推行了设置羁縻府州、和亲、朝贡贸易等一系列举措，极大促进了中央王朝与各民族各地区的紧密联系。长安作为唐朝的政治、经济、文化中心，发展达到了前所未有的高度，成为中原文化广泛传播以及各民族文化交流交融的核心圈，在思想学术、文化艺术、科学技术等方面都产生了巨大的影响力。如唐太宗时期的《十部乐》中有 8 部来自西域；开元时期长安的胡服、胡妆等的流行也都与西域少数民族和中亚文化息息相关。中原文化凭借自身强大的包容性，不断借鉴吸纳其他各民族各地区的文化特色，逐渐共同汇聚、凝结成为博大精深的中华文化。

自古以来，秦岭山脉的终南山就是历代名人雅士所青睐的修身养性之地，西周的姜子牙、秦末汉初的商山四皓、汉初的张良、唐代诗人王维、全真教王重阳等都曾隐居于此，孕育了独特的终南隐逸文化。这里是贤人储备之地，也是文化滋养之地。在大唐开放包容的时代背景下，它已成为当之无愧的民族交往和文化融合的大舞台。西周太史伯阳父曾说，“夫国必依山川”。无疑，秦岭山脉就是庇佑周秦汉唐盛世发展的名山圣地。

自宋朝建都汴梁（今河南开封市）开始，秦岭山脉逐渐远离政治、经济、文化中心。位于北宋、西夏、吐蕃诸部的交界地带，在宋金对峙时期，秦岭山脉作为横断南北的边界，又成了双方博弈的主战场。特殊的地缘和交通环境，造就了这个联系东西、沟通南北的重要廊道，也促进了各民族之间榷场、贡使、和市等商业贸易活动，增强了各民族的经济文化交流。随着宋、辽、金、西夏时期各民族之间由对峙冲突到逐步融合，相伴而来的大迁徙更加改变了我国的民族分布格局。明清时期，秦岭山脉又有大量移民迁入，形成又一次民族大融合。

自古以来，秦岭山脉就是多民族的共有家园。如今，这里主要居住着汉、回、土家、苗、彝、满、蒙古、藏、羌等诸多民族，是我国各民族共同团结奋斗、共同繁荣发展的缩影。

历经上下五千年，中华民族以其从未间断的文明演进，屹立于世界民族之林，秦岭山脉则以其独特地位和恢宏历史成为中华民族之祖脉。

秦岭区域文化演进与民族融合的特征

秦岭山脉见证了中华文明发展的关键历程及其基因库的形成。华胥陵、伏羲庙、炎帝陵等始祖文化古迹，向我们展现了中华人文初创时期的恢宏画卷。西周制礼作乐、易经诗典，开始了中华文明的奠基；春秋战国百家争鸣，秦汲取精华，遂统一天下，形成中华文明的集成期；汉唐盛世，高度繁荣、开放包容的时代造就了古代中华文明的辉煌。儒家跻身庙堂，丝路通拓西域，中华文明远播四海，佛教祖庭遍布长安，终南山水隐逸群贤，多元文化和各民族汇聚，此乃中华文化的象征与发源地。

◎秦岭牛背梁一瞥 周庆华 摄

◎层峦叠嶂的秦岭　周庆华 摄

◎隐藏在秦岭中的周至老县城城门 周庆华 摄

作为我国古代政治、经济、文化中心曾经倚靠的巨大地理单元，秦岭山脉滋养了周边长安、洛阳等历史名城，孕育了《终南山赋》《高唐赋》《溪山行旅图》等诗词歌赋和山水书画经典，促进了我国传统艺术自然观的形成，创造了富有东方文化神韵的美学意境，赋予了中华文化独特的山水情怀与人文气质。作为我国古代重要历史的场域，秦岭山脉存续了诸多内涵丰富的物质文化与精神遗产，包括历代都城、帝王陵墓、宫殿遗址、古道驿站、悬崖碑刻、名寺古刹、史籍经典等。

秦岭山脉是与文明历程直接相关的民族融合的典型区域。从史前遗址到汉、唐国都，从以关中、河洛地区为核心的华夏民族的起源，到汉代以长安为核心区域的汉民族的形成，再到中华民族多元一体的融合发展，秦岭山脉见证了各民族交往交流交融的重要历程。各民族的交往交流是文化融合的基础，文化融合则是促进民族交融的重要支撑，这也是中华民族长久以来发展壮大、中华文明不曾间断的重要原因。作为我国古代政治中心的摇篮，秦岭山脉一直都是经济发达、文化繁荣的核心地区所在。伴随朝代更迭，我国历史上多次涉及诸多民族、直接关系到中华文明发展的大迁徙、大融合以及道教、佛教等宗教和哲学思想的核心起源与融合发展，都发生在这一区域。这里还是农耕文化与游牧文化碰撞、融汇之地，并由此成为东南西北四方朝圣、文武之道圣贤齐聚的所在。

秦岭山脉是推动形成中华民族多元一体格局的重要枢纽。西北走廊、藏羌彝走廊、南岭走廊等三大民族走廊与丝绸之路等文明廊道在空间上高度重合，这表明了民族迁徙融合与文明发展的紧密关系。秦岭山脉承东启西、贯通南北的地缘优势以及中华文明的源脉特征，使其成为中原、巴蜀、荆楚、陇南、藏羌彝等地域文化交汇融合的巨大文化生态圈，更是丝绸之路、黄河文化走廊、藏羌彝文化走廊、汉江文化走廊、长江文化走廊等我国重要文化走廊的交织相连之地。绵延不绝的秦岭文化廊道，

◎秦岭之山巅初雪 周庆华 摄

促进了各民族迁徙融合、多元文化渗透交融，也是维系和守护你中有我、我中有你，谁也离不开谁的中华民族共同体的纽带。

地域的广度、历史的厚度决定了秦岭山脉文化的丰富多彩、博大精深，而山区复杂多样的地理环境又促成了民族文化的相对稳定和真实性。一方面，古道及与山区外部形势紧密关联的区域常常是对峙、征战所在，它们亲历了秦岭内外刀光剑影的场面；另一方面，高山密林与闭塞环境又使其成为躲避战乱、寻求安宁的庇护之地和世外桃源。至今，这里的方言南北荟萃、民俗琳琅满目，民风也如大山一般坚韧淳朴、包容宽厚。

如果说阿尔卑斯山是西方文明的精神家园，那么秦岭山脉就是中华文明的重要象征。在新时代，秦岭将以其深厚丰富的文化资源，向世人展示“中华文化圣山”形象，为不断铸牢中华民族共同体意识发挥更加重要的作用！

（原载《中国民族》2021 年第 4 期）